王土荣 1960年生，广东韶关人。特级教师、硕士生导师。1979—1995年，先后担任中小学语文教师、学科组长、年级组长、教导主任、校长、广东省人民政府督学。1995—2003年任广东省东莞市教育局教研室初高中语文教研员兼副主任，2003年起任广东省教育厅教育教学教材研究室教学研究员。现任广东省教育研究院教学研究员、语文科主任，兼任中国校园文学委员会副会长、中国当代语文教学专业委员会副秘书长。曾任教育部基础教育课程教材发展中心语文学科教研核心成员，基础教育国家级教学成果奖评审委员会委员。

1980—1997年，主持“言为心声的中小学生写作实验”、“初中语文活动性教学实验与研究”，成果获广东省创新成果二等奖、广东省普通教育教学成果一等奖。1998—2002年，主持广东省重点科研课题“高中语文实践性教学实验与研究”，成果获广东教育学会科研课题一等奖、中国教育学会中学语文教学专业委员会科研成果一等奖。2004—2009年，主持广东省规划课题“普通高中教学资源的开发与运用”、“普通高中语文教学评价研究”，成果被教育部考试中心采纳，其中，《教学评价方案》《广东省普通高中模块教学与考核要求》《高考语文古诗文背诵篇目》成为教育厅文件。2007—2009年，主持北京大学语文教育研究所重点课题“高中语文选修课的调查与研究”，获中国当代语文科研成果一等奖。2010—2016年，主持广东省重点课题“中学生心智发展与写作能力形成的理论探索与实验研究”。2013—2015年，主持“广东特色基础教育语文课程教材体系研究”。2014年，主持的“学生发展与中学语文教学综合改革实验研究”获首届国家级教学成果奖二等奖。出版专著8部、编著17部，发表文章二百余篇。

2011 年 7 月 26 日，作者组织广东省语文专家赴我国台湾进行教育交流

2016 年，作者在广东省广雅中学为学生讲授关于思维与表达的探索课程

自 1970 年起，作者坚持写日记至今

1993—2018 年作者独立撰写、参编的部分著作

▲ 作者荣获的“国家级教学成果奖获奖证书”

国家重点图书出版规划项目
教 育 家 成 长 系 列
全国中小学教师继续教育用书
教 育 部 特 级 教 师 计 划

中国特级教师文库

教育部特级教师计划·中国特级教师文库

（第五辑）

教育人生的进阶与升华

JIAOYU RENSHENG DE JINJIE YU SHENGHUA

——教师发展新论

JIAOSHI FAZHAN XINLUN

王土荣　著

人民教育出版社

·北京·

图书在版编目（CIP）数据

教育人生的进阶与升华：教师发展新论/王土荣著. —北京：人民教育出版社，2019.4

（中国特级教师文库. 第五辑）

ISBN 978-7-107-32344-7

Ⅰ. ①教… Ⅱ. ①王… Ⅲ. ①师资培养—研究 Ⅳ. ①G451.2

中国版本图书馆 CIP 数据核字（2019）第 064987 号

教育人生的进阶与升华：教师发展新论

出版发行	人民教育出版社 （北京市海淀区中关村南大街 17 号院 1 号楼　邮编：100081）
网　址	http://www.pep.com.cn
经　销	全国新华书店
印　刷	保定市中画美凯印刷有限公司
版　次	2019 年 4 月第 1 版
印　次	2019 年 8 月第 1 次印刷
开　本	787 毫米×1 092 毫米　1/16
印　张	13.5
插　页	4
字　数	179 千字
定　价	39.40 元

出版前言

特级教师是国家为了表彰特别优秀的中小学教师而特设的一种既具先进性又有专业性的称号。自 1978 年邓小平同志首倡在全国建立特级教师制度以来，已有数万名中小学教师荣膺这一称号。二十多年来，作为“师德的表率、育人的模范、教学的专家”的特级教师，以其高尚的师德，树立了人民教师的崇高形象；以其科学的教学方法和精湛的教学艺术，促进了教育教学质量的提高；通过指导青年教师等方式，带动了教师队伍整体素质的提高。许多特级教师不仅在教育教学改革实践中做出了突出贡献，而且在教育教学理论研究方面也进行了积极的探索。多年来，许多特级教师把他们对教育教学的思考和实践经验整理成文或撰写为专著发表、出版，为推动我国中小学教育理论的研究和发展做出了重大贡献，为广大教师提高教育教学水平提供了很好的学习材料，受到了广大教师的欢迎与好评。

为了培养一批在教书育人和教育教学研究方面造诣高深的中小学特级教师，造就若干名在教育界有重要影响的教育名师和教育家，并通过他们的带动和辐射作用，促进中小学教师队伍整体素质的进一步提高，推动中小学更好地实施素质教育，根据国务院批转的《教育振兴行动计划》的总体部署，教育部继续组织实施“特级教师计划”。其中一项重要内容是资助特级教师研究总结教研教改成果、撰写教育教学专著，编辑出版“教育家成长系列”，即《中国特级教师文库》（以下简称《文库》）。

出版前言

编辑出版《文库》，既有利于更好地发挥特级教师的典型示范和辐射作用，推广其优秀的教改实验、教育教学研究成果和成功经验；同时，也为全国广大中小学教师提供了展示成果、交流心得、相互切磋的园地，为教育科学研究工作者提供了大量的信息和丰富的资源，有助于教育理论研究更好地服务于教育教学实践。《文库》既可用作在职教师培训的生动教材，也可作为教师职前培养的重要学习内容。《文库》将分辑分批出版。

《文库》第一辑、第二辑是在教育部人事司领导下进行的；从第三辑开始，《文库》相关工作由教育部师范教育司负责；全国各省、自治区、直辖市教育厅（教委）对《文库》的编辑出版给予了大力支持；上海师范大学等受编委会委托为《文库》做了大量工作；各卷作者在繁忙的工作之余，不辞辛劳，孜孜以求，认真撰写，为《文库》付出了许多心血。在此，谨向他们深表诚挚的谢意！《文库》编辑出版工作中存在的不足之处，敬请广大读者给予批评指正！

教育部师范教育司
人民教育出版社
2006年7月

总序

《中国特级教师文库》由人民教育出版社出版，很有意义。编辑出版这套《文库》目的有二：一是支持一批特级教师总结自己多年教育教学实践，促进特级教师在思考、总结、提炼、升华实践经验的过程中登临新的境界。所以，《文库》的出版列入了教育部“跨世纪园丁工程”的“特级教师计划”。二是推广特级教师教育教学改革实验、教育科研的成果与经验，将特级教师在一所学校、一个地区的带动、示范作用扩大到更广的范围。后者是主要的目的。

改革开放二十余年来，我国基础教育的发展取得了历史性的成就。教育事业的发展有赖于建设的加强。课程教材建设、校舍校园建设、图书资料建设、仪器装备建设、后勤服务建设、教育信息化建设，等等，这些建设都是教育事业发展重要的不可缺少的支撑；但是，对于教育事业发展来说，最重要的建设是教师队伍建设。决定教育质量的最关键的因素是教师的素质；决定教育水平的最关键的因素是教师队伍的水平。今天，我们实施基础教育课程改革，全面推进素质教育；我们建设高质量、高水平的基础教育；我们围绕全面建设小康社会的目标构建现代化的国民教育体系，最重要的工作依然是加强教师队伍建设。我们必须努力建设一支数量适当、结构合理、富有活力的高素质、专业化的教师队伍。我们只有把这项工作看得很重很重、抓得很紧很紧、做得很实很实，我们发展教育事业的宏伟蓝图才能够高质量、高效益地成为现实。

总序

评选特级教师是我国新时期加强中小学教师队伍建设的一项富有创造性的重要举措。特级教师是"师德的表率、育人的模范、教学的专家"。他们既有丰富的实践经验，又有较高的理论素养；不仅在教育教学实践方面成就突出，在教育教学科研方面也多有建树。有不少特级教师在教育教学的思考和研究方面有自己独到的精辟的见解。这些见解不是概念的推演，而是在长期的丰富的实践基础上总结升华出来的思想。这些思想是鲜活的，也是富有营养的。倡导、支持特级教师撰写专著，并且将特级教师的专著荟而萃之，出版《文库》，是一项对中小学教师队伍建设很有意义的工作。向为《文库》编辑出版做出贡献的同志们表示敬意。

《文库》第一辑在第十九个教师节来临之际面世，希望它能够受到广大教师的欢迎和珍视。

王湛

2003 年 8 月于北京

（《中国特级教师文库》第一辑出版于 2003 年。这是时任教育部副部长、国家总督学的王湛同志为《文库》作的总序）

序

包明德

王土荣同志新著《教育人生的进阶与升华——教师发展新论》入列《中国特级教师文库》，并将由人民教育出版社出版。他请我为之作序，我非常高兴。

王土荣同志从事一线教育教学近40年，从事省市教研工作20多年。他认真阅读了大量的教育学、心理学论著和名家传记，将教育理论与中小学教育实践结合起来进行了细致、反复的思考和探究。本书从教育人生发展的角度，强调顺应教师身心发展；并在把握教师身心发展的基本历程的基础上，为新手教师发展探索了新的路径，对骨干教师发展提出了新的期待，为资深教师发展展示了新境界。本书用事理进一步证明，每一位草根教师，只要其忠诚于人民的教育事业，懂得顺应师生的身心发展规律，就可以在使学生成才之时，也令教师自己成长为育人的方家。

王土荣紧密结合自己近40年的教育人生，试图将师生身心发展资源以最有效的方式转化为教师发展的一步步台阶，使教师在教学相长、教研相长中将成就教育事业与升华人生境界融为一体，这使教师发展的研究有了一个新的高度。

虽然本书不可能解决教师发展的所有问题，一些研究也还需要更加细致深入，但可以肯定的是，这部书将给您一些新的启发，甚至将您引导到一个教育人生的新境界。

2018年8月于北京

（包明德先生系中国社会科学院文学研究所原副所长、研究员、博士生导师，现任中国文学史料学会会长、中国当代语文教学专业委员会理事长）

目录

第四章　走出平庸　开启卓越
——教师成长中的分化与发展

第五章　寻找教师生涯意义　实现可持续发展
——中年教师职业发展的新启发

第六章　生发教育智慧　打造教育经典
——教师教育人生的职业总结与升华

第七章　与中外教育大师的神交与心语

第一章　以教为乐　实现自我

——我的教育人生与发展

我是个平凡的人，从 1980 年起，我走过了小学、中学、大学、研究生阶段的语文教育教学的过程，随后又进一步深入教研工作；39 年来，我工作在一个个充满师长的关爱和师生相互激励的环境中。在不同的岗位上我承担着不一样的工作重担，36 岁被评为高级教师，42 岁被评为特级教师，50 岁被评为正高级教师，56 岁晋升为正高三级教育教学研究员。一直以来，我在教育事业上严格恪守践行着“一切都可以更好”的信念，探寻“见心成教”① 的根本，并以写作为支点，探索自助餐学教模式②，以激活学生内驱力，使教与学在其身心发展上体现为知识、思维、审美与文化的和谐统一；同时把教学研究融入日常教育教学活动，并顺应师生的身心发展规律，让每一种教育行为有了自觉明确的意义追求，激活自己成为名师的内驱力，激发自己的事业责任心和使命感，努力成就自己的教育人生！

一、从自身发展中提炼出硬道理

现在，回顾自己的教育人生，可归纳出以下几点心得。

① 见心成教是依据师生身心发展规律及不同年段呈现的认知特征，探究更适宜师生教学相长的教育教学方式。

② 自助餐学教模式是依据 2003 年版的《普通高中语文课程标准（实验）》共同基础与多样选择原则，针对学生的差异性和多样化发展需求构建的文学类、文言类、实用类与论述类 19 个模块，50 种学生自主选择的学习模式和 60 种教师自主引领教学模式。

（一）自身的教研元素和志趣是教研的“永动机”

1. 底色好

我出身草根，是长在山乡的人，可能缺乏高雅情致，难以彬彬有礼，也不会阿谀奉承，溜须拍马，一般快言快语，甚至常常得罪了别人也不自知，但因比较淳朴、正直、吃苦耐劳，且心口如一，光明磊落，久而久之，也常常得到不少人的谅解，而且能够知错就改，好学不辍，嗜书如命，宁愿挨饿也要把吃饭钱用来买书。

2. 以教为乐

我曾从城市被调到极差的“西伯利亚”学校，一度也有落差感，但性格偏随遇而安，积极调整心态后，很快就进入了角色。试想，如果我一味怨天尤人，那么初为人师的日子，就不可能在教育人生这篇大文章的开头，写上灿烂的一笔。起码无法坚持每天比学校师生早起到树下读书备课，不可能全身心地投入到学生中、课堂上，不可能不遗余力地向学生传授知识，对每一篇文章、每一道例题进行反反复复的讲解，一发现自己努力并没有带来所期望的结果，就向其他教师请教；得不到答案，我也不放弃，而是自我观察、努力发现，找到学生的心智规律，尽量在学生一天眼睛最清纯、注意力最集中的时间精讲好最重要的内容，在学生略感疲劳时，就讲几句笑话，做到劳逸结合，张弛有度。

3. 拥有好习惯

从 12 岁开始，我就坚持写日记；从 20 岁开始，则每天记录教育人生的喜怒哀乐。46 年如一日，在白天紧张地工作后，我在晚上静下心来进行自我审思，特别是记下教学的各种体会，尤其是不足，这本身就是教师自我资源的深度开发，最大的好处是及时进行自我反思与完善。

4. 既好学又独立思考

一直以来，我都爱反复阅读自己喜欢的刊物，把知识都记在心里；上课时，我把要讲解的每篇课文的生字生词都落实在造句上，对自己喜欢的课文更是倒背如流，并以此获得学生的喜爱。我做到了真正走近一位位老师，学习他们的长处，但不盲从，即使是校长推崇的榜样。我对教学中的一切问题都认真思考，眼前没有可学的榜样，就以自己求学经历的成败为研究对象，形成自己与众不同的东西：一是让自己的教学偶像在潜意识中引领自己；二是自己对基础知识有绝对的把握，不会出现错误；三是与学生互动，将最难懂的课文内容变为最平常的生活事理；四是全部教学内容都结合了当地的风土人情，并融入了自己的真情实感；五是选择自己喜欢的教材，根据知识的内在联系和山区学生勤奋的特点及学生学习语文的规律，重新确定记忆性内容、思考性内容、与学生生活有关和个人喜欢的内容，并提供了不同的学习方法；六是根据学生的学习实践，总结切合学生实际的教学方法和学习方法。

5. 与学生打成一片

做学生喜欢的老师，创造学生喜欢的课堂，为学生提供优质的语文教育，对每一个学生进行细致的观察，还对他们的性格、个性、优缺点进行比较透彻的分析。给每一个学生表现的机会，如让学生自愿负责一项集体的事，或组织一次感兴趣的活动；根据学生的特长，建立了小农场，种了番茄等作物，用他们自己的劳动所得来购买书籍、订阅报刊、建立班图书馆。更重要的是，帮助学生找到一个凝聚大家心力的支点；还以讲故事、简单表演等，提高学生使用语文的能力。

6. 舍得放弃

工作中找到适合自己的岗位，获得属于自己的成果。因我取得县统考中全镇教学的最好成绩，又在全国和省市累次获教学教研成果奖，加上校长的推荐，我开始主持名校的教导处工作。当教研室主任和局长为我安排了教研员的岗位后，我婉拒校长所赋予的管理重任，选择做一名普通教研员。我清醒地知道，适合自己的才是最好的。担任教研室副主任后，我又婉拒到办公室当领导；当获得省人民政府设立的普通教育教学成果一等奖后，局长要求我积极竞选副局长，至少可以做教研室主任时，我却放弃了比较高收入的岗位，选择到省教研室做教研员、语文科主任，同样，我也婉拒做院党委委员，只专心搞教研、写专著。可以说，没有这一次次的婉拒，我就不可能写200多篇论文，不可能有8本专著，不可能成为人教版、粤教版教材的编者。

对我来说，做自己最喜欢的教研，在教育领域中走一条有比较客观标准的研究之路，就是自己人生的上策。因为我可以控制关键的进程，我自己能够掂出主要的成果分量。自己的成果，是与世无争的结果，但又是师生所需要的，因此，自己永远有自己的精神家园和人生发展的内驱力，人生可以因教研更好！

7. 永远有自己的教研导师

工作中榜样的力量是无穷的，要永远有自己的教研导师。导师可以是朱九江、魏书生，也可以是乌申斯基、苏霍姆林斯基，甚至是夸美纽斯、赫尔巴特、杜威等。通过研读他们的教育教学思想，结合教学实践探索师生个性的全面发展，努力形成自己的教育观点，走在教师前面，引导着教师走上教研新路，在教育教学中，把实践上升到理论，再用理论指导更大范围的实践。

8. 教研功底深厚才能收获更多的成功

必须打扎实教研的理论功底。教学研究是科学的实践，必须有先进的科学理论作为指导。不能怠慢每一天，要抓紧时间，利用一切机会读书，尽可能系统地学习教育理论，把自己带入更宏观、更深层的认识领域，且对学科教学的整体设想、课堂教学体系、新的课堂教学结构和模式、学科新教学大纲的制定等学科教改最前沿的问题有更深层面的思索与实践，就可以形成自己的教育思想和实践范式，完成一系列课题研究，取得预期的成果。

（二）不为名利、乐于奉献，才有更好的收获

1. 必须任劳任怨和卓有成效，才能得到伯乐的帮助

如工作中取得的国家省市县的成果，得到了院长、局长、主任、教研员、校长、教导主任和教研组长的欣赏和悉心培养，他们的真诚帮助和热情的指导，奠定了我教研人生的基础。

2. 积极参与各种教研相关的活动

如参与各级教研赛课、论文评比、职称评定、成果鉴定或评选，这样做可以了解各级教学的全貌，可以发现教研的“金矿”。对于活动中教师非常关心的课题，要反反复复钻研课程课标、教材，做到深入浅出，卓有成效的引领。

3. 乐于助人，见荣誉就让

如帮老教师改职称论文，自然会赢得老教师的关心和尊重。把一般教师可以达标评上的荣誉让给他人，他们自然会把他们无法达标的高级荣誉真心地给自己，如特级教师和正高级教师不是一般人可以评上的，自己得到了，也不会引起别人的妒忌，这可以省却许多麻烦。

4. 无功不受禄，不要享受特殊的待遇

如学校曾特殊安排给我三室一厅的房子，因为其他新来的教师都挤在四合院里，若我选择这份殊荣，必然会使自己一下子站到一群人的对立面。我最后选择放弃。这样做，校长会感动，其他教师也会高看自己，因为许多人都是千方百计要求学校给好一点房子，自己却不一样。

（三）走出去，就会有更广阔的教研视野

多参与学术活动，可展示自己的成果并对教研进行更深的思考。如由国家教委派遣到中国澳门进修、讲学，到外单位参与教材的编写，都给我的人生带来了飞跃性的发展。要是受邀到大学，特别是著名的大学及外省教研机构做学术报告，包括在省内各市的学校进行引领性讲座，自己的成果就会得到更多的验证、批评与完善，影响也自然更大。

（四）必须勤教学、真研究，并有过硬的成果

39 年的教学与教研给我带来的最重要的体会是：真性为学、真性为研，借用惠能的禅意，就是“见性成研”。性，即心性，就是自己的真性情，即真情实感。自从步入社会，工作多年来，我一直都对自己所从事的语文教学教研工作、人际交往等进行着反思，反对讲空话、假话、套话，反对给教育教学教研带来伤害。因为假话、空话、套话，自

然会遭受客观规律的惩罚，最明显的是使自己的思想、语言变得越来越平庸与虚伪，最致命的是使自己在教研中分析问题、解决问题、独立思考的能力越来越低下。

我践行终身学习。每年我都参加由教育部、广东省教育厅、高等院校和全国教育教学专业委员会等单位举办的培训或研修；自修完成了北师大教育管理专业研究生的全部课程，成绩优异。1982 年，我在《广东教育》发表了第一篇教研文章《教案的检查要跟上教改的步伐》，制订了 30 年的读书计划。近 40 年来，我系统研读东西方教育思想史、西方心理学发展史、东西方 70 名教育大师的教育人生及思想成果，特别研究了张九龄、惠能、陈白沙、阮元、朱九江这些岭南文化巨人，拓宽了学术视野，提高了教研水平。

从 1984 年起，在县市省教育局教研室及学校师生的关心支持下，我先后在韶关市的大桥中学、乳源中学，东莞市的石龙中学、东莞中学、大岭山中学和广州市的广州大学附中、广州铁一中学等 33 所学校，建立了课题研究的基地，至今仍然在进行实验的验证与升华。

我以学校为基地，31 年不间断地主持了十项教研实验与研究（不含参与的），具体如下。

一是 1984—1988 年，主持了“农村中学生记叙、说明、议论的写作教学探索”，1988 年先后获县市教学论文一等奖。

二是 1989—1993 年，主持了省教研课题“中学写作教学实验与研究”，获得广东省教育科研成果三等奖和二等奖各一次。

三是 1993—1999 年，主持了省一般课题“初中语文活动性教学的实验与研究”，根据语文的实践特点和学生的认知规律，探索了从传统教学重灌输轻实践到让师生动脑、动口和动手的“既活能动高效”的教学方式。1999 年获东莞市科研成果一等奖和广东省创新成果二等奖，2000 年获广东省人民政府普通教育成果一等奖，成果编入了人教版的义务教育初中语文教材，转化为全国各地的教学资源。

四是 1999—2002 年，主持了广东省重点科研课题“高中语文实践性教学实验与研究”，依据“东方文化是实践性的文化”，“语言是一种实践”，对高中学生的认知规律与语文实践性特点进行了哲学的思考和实践，建立了实践性教学的基础理论和领会与表达的教学模式，实现了教学相长。2002 年获广东教育学会科研课题一等奖和全国语文教学研究会科研成果一等奖。

五是 2003—2006 年，主持了普通高中语文教学资源的开发与利用，获中国当代语文研究会学术成果一等奖。

六是 2007—2009 年，主持了北京大学语文教育研究所重点课题“高中语文选修课的调查与研究”，率先完成了高中新课程选修课的系统总结和思想升华，获教育部课程标准组组长的高度评价，2009 年获得了北京大学语文教育研究所优秀成果及中国当代语文研究会科研成果一等奖。在此基础上，研制了广东教育厅语文教育的学科指导性文件：《广东省普通高中新课程语文学科教学指导意见》《广东省普通高中新课程语文选修模块教学指导意见》《广东省普通高中新课程语文选修模块考核》，为普通高中新课程教学改革提供了法规性保障。

七是 2006—2009 年，主持了省教育厅规划课题“普通高中语文教学评价研究”，在重要的领域进行了重点攻关，完成了原创性的学业评价研究。①在全国率先进行了普通高中新课程语文学业水平评价调研测试，其成果大部分体现在国家的《考试大纲》。②建立了新的课堂评价标准。③研制了《广东省普通高中语文学科教学水平评估指标》。④完成了《广东省普通高中教学水平评估指标体系》中“教学水平”评估标准研制，并在全省 256 所学校进行了政府行为的评估。③和④两项成果均作为广东省教育厅文件下发，成为指导全省教育的法规性的文件。⑤完成了专著《普通高中语文新课程教学与评价指导》。2013 年获广东省人民政府普通教育成果一等奖。

八是 2010—2013 年，主持了省教育厅规划课题“学生心智发展与学生写作学的构建的实验与研究”。

九是 2013—2016 年，主持了省教育厅重大课题“构建广东特色基础教育课程教材体系研究”。

十是2010年至今，主持“广东教育发展史研究”。其中，1995年至今的“学生发展与语文教学整体改革实验研究”获2014年国家基础教育教学成果二等奖。

十一是打造自己的经典课例。我根据学生的心理特征，选准重点，激发兴趣，精心设计了别开生面而又波澜起伏的作文课，并将学生的积极心理融进教学活动的每一个环节。具体是：首先让学生出难题考老师，老师依难题要求当场成文，并辅以理论分析，展示作文的全过程，使学生的新奇活跃、自信好胜的心理得到满足。每次出题前，他们都兴奋不已，总是搜索枯肠，找家长、问同学；有的整天泡在图书馆。有人说这没法备课，要见题成文，危险。但正是这险，赢得了学生的兴趣和注意力。学生命题后，我总要以新颖、奇妙、深奥的打开方式来启发他们展开激烈的辩论，使学生自觉或不自觉地进入孔子说的“愤”、“悱”状态。我总是在学生最需要的时候才出现，且注意根据层级需要学说，挖掘其中的成功之处，使其自强自信，并油然而生教学所必需的强烈的求知欲。对心理闭锁而能力较差的，我抓住其“想赶上去”的念头，适时鼓励，力争使“几分热情”变成一段时间热情。即使是刚受表扬即开小差的，也给予理解。对学生出的热点难题，我总是从审题构思说到完整的作文。如对《钱》，我从其本质、作用（含异化）及围绕它出现的种种现象进行分析，从中得出正确的结论。对《列宁啊》，我从世界风云、人类历史及共产主义曲折上升中展开，对列宁的事业和“戈叶”的行为也给予了恰当的评述。全文充满了历史与哲学、逻辑与辩证法相融的意味，令学生耳目一新。

当我充分展示口头作文的魅力后，我赢得了学生发自内心的尊敬。然后，我再引导学生将我的口述作文形成文字，并在全班进行佳作评选，使学生对同学的文题、老师的作文、自己的文字功夫进行更深一层的思考。这样的作文课，每次下课后都有过半的学生在奋笔疾书，而我也常被不同层次的学生团团围住。100％的学生都期待再上这样的作文课。语文的有趣和有用说自然在学生心里引起了共鸣。语文学习有了新的动机、新的需要。这些自然变成了一个个具体的语文活动，他们会在课外涉猎大量的语文知识，会逐渐用语文的意识去思维和审视生活中的一切。

我非常幸运，从站上讲台到现在，先后得到任教地教研机构的多方指导和大力扶持，逐步胜任中学各年级循环教学与研究，业绩比较显著；我在乳源中学、石龙中学的教学成绩都数一数二，进步率都是县市较高的。担任市省教研员后，在师长的大力支持下，我积极推动市省教育教学改革，在教育思想、课程改革、教学方法等方面取得创造性成果，独立出版了8部学术专著：《语文教学实与活的实验与研究》《普通高中语文新课程教学与评价指导》《语文模块教学学分考核》《普通高中语文选修课自助餐式教学实验60法》和《普通高中语文选修课自助餐式学习50法》《见心成才——教育人生发展新论》《学生写作学》《教研学》。2005年和2010年还分别主编了《高中新课程语文优秀教学设计与案例》和《普通高中语文选修课优秀教学实例选评》，为教师提供了良好的示范，使理论体现为具体的师生行为。在省专业刊物发表236篇教育教学论文，其中18篇被中国人民大学《中学语文教与学》全文转载。中国教育学会中学语文教学专业委员会给国庆50周年的献礼成果有12项实验，其中就有我的活动性教学。

我参加了课程教材研究所、人民教育出版社九年义务教育三年制、四年制及课标教科书《语文》的编写。还担任了粤教版《普通高中课程标准实验教科书·语文》副主编。

我指导了华南师大、广州大学几十位研究生的论文修改，独立指导了一些研究生的全部学业，其中李婵获2009届华南师大研究生优秀论文奖。指导广州大学附中、广州铁一中学、东莞常平中学、大岭山新风中学等33所学校的余伟、程茂华、朱河清、马新民等66位教师（含8名教研员）的教学研究。参与培养了正高级教师5名、特级教师5名、高级教师28名、市级以上骨干35名、省“百千万”培养对象4名，3

人成为地市教研员。组织了 15 次全省性教学观摩活动，参加的教师达 1 000 多人次。每年听课 80 节以上，点评课 60 节以上。指导过的 6 个课例均获全国专业赛课一等奖第一名。先后应邀到北大、首都师大、华东师大、福建师大、天津师大、华南师大、广州大学等高校和辽宁、浙江、河南、湖北、海南、广西等地讲学。先后在 21 个地市和 103 个县区做教学研究的讲座，在全省语文教师队伍中有较高的威信。

教研相长，我自己也在实践中成长起来，现在兼任了教育部基础教育课程教材发展中心语文核心成员；华东师大、首都师大国家级培训专家组成员；华南师大和广州大学教育硕士研究生导师；中山大学教科所项目指导专家；北大语文研究所研究员；广东省人民政府教育督学和中国当代语文教学专业委员会副秘书长；中国校园文学委员会副会长和中国现代化学会语文教学专业委员会理事长。

我虽然是一个非常平凡的人，但拥有一颗感恩的心，它使我努力前行，并取得了一些成果；这些成果，是我的，更是师长和同事的。正如每一位儿女的成长，无不得益于父母的无私奉献和精心抚育。我感谢所有给过我关怀和帮助的师长和同事！

二、完成教育人生的学理凝练与发展引领

我跳出语文学科研究教育四年多了，随着越来越深入的研究，我认识到，现在大多数学生读书只为分数、学历、地位和利益，人格发展和心理健康问题越来越严重，道德、信仰缺失，创造力衰竭，教育正走向异化：有了知识、技能，却失去了智慧和灵魂。为此，特别对如下教育现象进行了学理的凝练与实践的引领。

1. 教育是科学，更是人生

教育科学最重要的是用实验观察的实证及可检验性，探究教育规律，并对教育现象做出合理解释。教育的知识量和信息量在不断增加，教育设施设备越来越现代化，但片面强调科学，教育就会越来越功利化、技术化和模式化，教育过程像生产流程，越来越不关注活生生的人。

真正的“人类灵魂的工程师”，是带着理想、信念和观念，怀着探索动机，经历了心路历程和心灵体验，最终碰到并抓住了教育机遇，在很大程度上对学生进行了心灵的启迪。这里有爱因斯坦赞赏的“狂喜的惊奇”与“高超的理性”。

目前，教师难以被信息技术取代，因为只有教师，才能真正将学生看成是一个活生生的人，而不是一个简单机械地接受知识的“容器”；才能对学生进行全面而充分的培养和教育，包括兴趣和爱好的培养，理想和激情的点燃，而不只关注知识与技能训练。

从哲学的意义上说，教育的过程实质上是师生与教育内容之间不断交流、不断对话和不断融合的过程。在这个过程中，教育者是关键，是连接三者之间的纽带和桥梁，起着主导作用。这不仅仅是一个关于教育技术的问题，把教育事业看作自己的生命，从中去实现人生的意义和价值，也不是技术层面的问题，而是人生哲学的问题。

2. 完善课程教材建设的理性思考

课程教材是按照国家意志、民族文化和价值取向编写的，是教育的核心，它规定着培养目标、具体内容、实施方法与评价制度。因此，将教育思考提升到课程教材层面进行思考，是根本性思考。

传统的课程教材的基本理念是管理和控制，而且是以自然科学为模式，目标指向行为和结果的改善，重视教学技巧，追求范式的普适性与程式化，从量化的角度分析和处理教研问题，缺乏个性与创新。但人文性课程教材，既要具有更多的理性色彩，又要有形而上的哲学内涵。如语文，就必须确立以语文能力为标准的课程教材的知能体系。国内外母语经典课程教材基本点都定位在听说读写能力，尤其是语言的实际运用能力上，学生应在以下听说读写方面获得发展。

听：能够尊重他人发言，善于聆听，可分清事实与观点，把握他人所说内容的要点并做出自己的判断，能够准确领会他人的口语表达，敏捷应对。发展聆听能力，特别是口语感知力。

说：乐于进行交流和思想碰撞，在相互切磋中，加深领悟，共同提高。说话自信、文明，仪态大方，养成说普通话的习惯，乐于使用规范的普通话表情达意，敢于使用规范的普通话口述见闻。

注意口语的特点，能根据不同的交际场合和交际目的，恰当地进行表达。借助语调、语气、表情和手势，增强口语交际的效果。得体、清晰地使用口头语言，文明、得体地进行口语交际，在口语交际中增强人际交往能力。

能解释“非文学材料”，包括图表、照片，要求使用卡片目录、电子媒介、百科全书、年鉴、图表集、政府资料等。

学会演讲，做到观点鲜明，材料充分、生动，有说服力和感染力，力求有个性和风度。在讨论或辩论中积极主动地发言，恰当地应对和辩驳。朗诵文学作品，能准确把握作品内容，传达作品的思想内涵和感情倾向，具有一定的感染力。

读：不仅是整体把握、理清思路、概括要点、理解文本，而且能从不同的角度和层面进行阐发、评价和质疑、获得独特的感受和体验，根据自己的发展需要，选读经典名著和其他优秀读物，阅读作品，品味语言，感受其思想、艺术魅力和科学中的美，提升审美境界，发展想象力和审美力。通过思考，领悟其丰富内涵，探讨人生价值和时代精神，以利于逐步形成自己的思想、行为准则，培养独立思考的能力，学会批判地、独立地阅读，具备一定的推理及论证能力。养成独立思考、质疑探究的习惯，发展思维的严密性、深刻性和批判性。如在各类文学作品欣赏、思考与创作中，开阔生活视野，关怀生命意义，培养优美情操，提升表达能力；在文化经典的研读中，理解中华文明的基本价值，世界文化的多元存在，发展文化反思能力。

写：最根本的是明心见性自成文，言为心声、真情实感。写作是对精神世界的一种自我深思与审视思考，是身心发展过程的灵魂历练，必须与自己的身心发展融合起来。人具有听、说、读、写的能力，能描述事件、表达思想并与人交流，可感知节奏、音调、音色和旋律，可对事物进行类比、因果和逻辑推理，可感受、辨别、记忆、改变物体的空间关系并借此表达思想和情感，能对事件做出恰当的身体反应及用肢体语言表达自己的思，可觉察、体验他人情绪、情感和意图并据此做出适宜反应的能力。这是成长中具有原点和根基意义的身心生活与体验，是超越应试技巧及备考资料的“矿藏”，只要把自己所听所见所读所思所感所想写下来，一切自然而简单的东西都会变得有了内涵、有了灵魂。

3. 探索信息技术下的慕课与大数据的教育开发，实现教育的优质化

多媒体和网络技术的日益普及，创设了有利于学生自主学习的情境；提供了海量的文献资料与适宜自学的资源，可调动学生学习的主动性、积极性和培养学生的创新精神与实践能力。大量的教学实践已证明：在网络技术支持的教学环境中，若能自觉运用“学教并重”的新型教学设计理论和方法去规划、设计整个教学系统并组织实施相关的教学活动进程，能取得较理想的教学效果。人文学科或数理学科皆如此。

慕课（MOOC，指大规模开放在线课程）支持多种互动功能，而且效率很高。如慕课的视频可以自己调节速度，某个地方如果没听懂，还可以回放，而在课堂上，如一段逻辑性很强的推论没听懂，就可调整语音速度，使老师讲话的速度跟自己理解的速度同步。还可直接跳过已熟悉的内容。再如提交作业，马上可以知道对错。一人提出问题，多人可从不同角度来回答，讨论后的引导或解答，针对性自然强。除了学到知识本身以外，也可学会多角度看问题，了解到各种不同领域的人的思维方式。

从教师的角度说，如果大量学生在某些作业中得分都比较低，就该想想是不是题目出得不科学，甚至是否出错了。因为慕课没有课堂气氛，没有相互感染，教师要想方设法对知识点进行梳理、分解，讲得更精，关键的地方，要字斟句酌，特别要展示教师看问题的视角、批判性思维的魅力。

对大数据进行教育开发。大数据是具有决策力、洞察发现力和流程优化能力的信息资产，也是在深刻改变着教育的教育资源。一是大数据可以对教育进行整体的描绘、准确的定性及前景的导引。二是分别从云

计算、分布式处理技术、存储技术和感知技术的发展来了解大数据从采集、处理、存储到形成结果的整个过程。包括实时分析、挖掘、更新；特别是学会从各种类型的数据中快速获得高价值的信息。三是数据分析是教育智能的演进。当今，区块链、QR码、社交网络等正在创建新的数据流，这种真正广度和深度的信息正在创造新的教育模式与教育机会。改变教育运作的方式，最主要的是教育将更多地以人为中心，主动满足学生需求，完善教育的个性化服务。

4. 明确以人的需要为教师发展的价值尺度

需要既是人的活动动机和目的的原始根据，也是人们度量一定活动及其结果是否有价值、是否值得的最终尺度。自然，也应该明确人的教育需要活动构成了教育，对教育的分析、描述就必须以人为出发点和逻辑起点。

师生身心发展的需要与满足需要的手段、满足需要的能力是一起发展的，是与师生的现实生活一起发展的，师生身心发展的需要发展到什么程度，教育也就达到什么程度。从这个意义上说，从现实的师生出发，也就是从师生的现实需要出发，是用他们的需要来解释教育的行动，教育就是在这种需要的不断否定、不断产生的过程中连续发生发展，并不断以一种扬弃的方式而存在的，师生的本质力量的丰富和人类社会文明的发展，也是在这个过程中实现的。

5. 把身心发展看作教师的根本发展

人的身心发展具有不可改变的自然规律。幼儿教师必须依据幼儿成长的特点，坚持以游戏为基本活动的原则，启发幼儿的好奇心和求知欲，才能促进幼儿身心和谐发展。小学教师要通过故事、榜样，多用形象教育，培养学生的良好习惯，使学生体验到学习乐趣。初中教师要在丰富多彩的活动中，使学生了解自己，发展学生自己的兴趣、能力和特长。高中教师要通过各种实践，发展学生的创造性思维，并形成良好的意志品质。

教育的终极目的是立人，本质是师生的教学相长，根本是遵循师生身心发展的规律。真正的教育，只能是发展人的教育，没有牺牲人的发展而发展的教育，除了人的发展，教育没有其他的目的，也不应该有其他的目的。

教育需要站在师生的生命高度，立足于师生的一生，以生命的过程来思考教育的过程与意义；最佳的形式是教育与生命融为一体。

教育的行为应该是顺应并引导师生身心发展，成就作为“人”的师生的发展和教育本身的发展。

因为人在某个生命阶段会自然地产生获得某种知识、技能和情感的心理或生理需求，这些是源于个人需要和社会的要求。顺利实现这些需求，人自然会得到发展，如果这种发展与人类的需求和社会的发展有机统一，人就自然成为对社会有贡献的人，如果这种发展超越常规，人就自然成为具有创造性的人，而且，随着这种贡献和创造性越来越大，人就自然成为各行业越来越有名的大家。

教育的责任，就是创造条件帮助师生实现这种需求，实现了，师生就发展了，教育就成功了。如果这种教育方法更多的是融合了师生的生理性和不同民族都具有的习性和心理，教育就具有了人性和世界性。如果是基于传统的教育方法成功的，教育就实现了优秀传统的传承，有了历史的厚重与文化的内涵；如果这种教育方法融入了民族的习性和民族的心理，教育就具有了民族的特质；如果这种教育方法更多的是突出了某一学科特征、某些特定年龄段师生的身心发展规律，教育就进入了具体的领域，具有了需求的专业性与阶段性。

人对教育的需求是由人的自身需求和社会需求决定的。如为了吃而学、为了穿而学、为了玩而学，还有为了更好地生存而学。受教育，作为人的需求，它同样是一种人的愿望、需要和期待，对人的动机行为同样具有激发促进作用。

6. 明确教师发展只能是农耕式的发展

教育者是在心田耕耘的农夫。教育不是战争，战争讲究谋略，胜在速胜，因为战争的结果是一方被消灭，另一方独霸天下。教育是旧的教育影响与新的教育交替，是此消彼长的一个渐进过程。

教育是平静的、平凡的、缓慢的，然而又是极具成就的奠基工程。快了，就是揠苗助长；慢了，就会错失良机。

教育就像农业，要特别注意土壤、气候、季节和种子的研究。讲究土、肥、水等自然资源的智慧运用。

土壤可以改造，但不能全部换掉，只能在原有的土壤中掺入改良的物质。我们的文化就好比土壤，不能像1919年五四时期一部分人那样，过分鼓吹要将中华民族的文化推倒，全盘西化。

气候与季节是自然的，主要由纬度和山形地貌决定。0—8 848米的地貌，就自然地生活着各自适宜的植物，虽然人工可以成功实验一些反自然的植物，但不会也不能全部改变自然的面貌，如荔枝就不能在北京与新疆生长。

种子只有顺应季节才可以生存、生长、开花、结果，违反就只有腐烂与死亡。虽然现在可反季节种植，但这是人根据自然规律，在人工造就的适于种子的环境中的小范围的种植，不可能大面积，更不可能在大的区域实现反季节的种植。

在心田耕耘，需要耐心，不能急躁；需要远见，不能逞一时的奇谋、权术，求得一时的成功。

教育是老实人的事业，来不得半点虚假。

教育是最基础的人类的奠基，需要眼睛向下，需要默默的奉献、十分的低调，一步一个脚印的艰辛前行。

教育是科学的，需要大量一丝不苟的考察、统计与分析，需要经得起实践的基本检验，应该具有基本内容的可重复性，应该具有大面积推广的可能性。

教育，是人的教育，离开人，教育就不存在，因此，没有人性的教育不是教育。应该抛弃依附在教育身上，于教育没有意义的附加物，让教育回归朴素，回归本真。

对教育规律的认识也是“诗无达诂”，但多元的思想并不妨碍达成一些共识，如教育要适应并促进人的发展，最佳的境界是教育既符合师生的身心发展，又引领师生的身心发展，并适应社会的发展和促进社会的发展。

从师生的身心发展来研究教育，是从教育条件、教育方法转移到教育的主体，这样的研究，不仅促进教师的成长与发展，而且使我们学生的成长与发展具有最坚实的物质基础和精神基础。17 世纪前，没有人研究学生身心发展，儿童期这个概念是 17 世纪才出现的。之前总把学生当作小成人，以为他们的需要与成人一样。近年来，不少人研究学生心理学，也取得了令人欣慰的成果。从人生发展来研究教育，研究教师发展是非常有意义的，由此而引发的新问题、新思路、新成果，将为教师人生发展开拓一片新的天地。

7. 给教师的发展赋予文化的自信

作为中国的教师，还有非常独特的一面，即一直立足于中国文化之中。

长久以来，中华文化以其博大精深独有的魅力，不论对社会发展，还是对个人的发展，都发挥了重要的推动作用。身在社会中的个人也深谙文化的凝聚力，如教师逐渐在工作环境中认识自身的存在，熟悉教师文化的独特价值等。

中国文化如何在传承中持续发展，其中的教育内核，值得有过教学教研经历的我们进一步挖掘、开发与发扬光大。

8. 让自我实现成为教育发展的最高境界

教学必须考虑学生的年龄特点，即要以儿童一定的成熟水平作为基础，最近发展区主要是学生现有发展水平与潜在发展水平之间的正处于形成状态的心理机能和活动能力。如果不把教育活动设在现有发展水平区域内，学生不需要跳就能摘到桃子，对学生不能起到激发思考的作用，不能促进学生智力的发展。但是如果教师把问题设在超过最近发展区，学生即使使劲跳，也摘不到“桃子”，也同样不能激发学生去思考，不能促进学生智力的发展。

因为这是人以独特的方式实现最高潜能的一种状态。人不能成为自己之外的人，不能仅仅成为国家、社会发展的一种手段。人都有个性，都有个性需求，都想按自己的需要成为“这一个”。

就个人而言，人生的目的就是成就自己。一旦脱离他自己的需要，一旦变为非自己的受制于人的手段，自我也就不存在了，人性就被扭曲了，责任、义务、情感也自然弱化，甚至不存在了。人的理性、智力、成果与自己相分离，人没有了内在动力，积极性得不到充分的调动，效果就不言而喻了。

尊重人的主体地位，开发人的潜在能力，促进人的素质发展，实现人的自我完善，是教育这一人类特有活动所追求的根本目标。按照身心发展制订教学计划，依据学生不同的个性心理特点，选择不同的方法因材施教，实行普及教育，无论贫富、贵贱，使每一个学龄儿童都受到积极关注，都有受教育的机会，世界才会公平和谐。

第二章 教育人生的准备阶段

——师范生的学习与发展

《国家中长期教育改革和发展规划纲要（2010—2020年）》把促进学生成长成才作为学校一切工作的出发点和落脚点。“以人为本”的价值观，正具体体现为新的教师发展方针。现在，教师发展非常重视外在资源的开发与运用，但对自身资源的开发与运用却缺乏一定的关注。这就需要我们强化这方面的研究，而且最好从师范教育开始研究。

所谓教育人生，主要包括为教师职业而接受的师范教育，以及师范生走上工作岗位后终生为之付出的教育事业。作为教育人生的准备阶段，新的师范教育，必须以人立教、见心成才。做到：真正以人为本，顺应与引导教师与学生的身心发展规律；积极搭建教师发展的人生预备“阶梯”，丰富师范学生的“师”性与“范”式，在师范专业的系统学习中，将中小学生身心发展资源转化为师范教育的独特资源；强化创造性的个性化选修，使每位师范生的每一个教育年轮都有着新的进步与升华。

一、师范生身心发展资源的课程开发

大学是为人生择业奠定基础和积累文化知识的阶段，对人生发展和定向起着十分重要的作用。很多人，一生从事一种职业，很大程度上与第一择业有关。因此，在大学阶段，需要明确自己的任务和责任，认识到自己将来对社会和家庭承担的责任和义务，以端正自己在大学阶段学习的态度。

大学是青年身体和心理发展比较成熟的阶段，体力充沛，精力旺盛，是学习的适宜阶段。在大学阶段，应积极参与实践。既进行学科的专业实践，走进课堂；也要进行社会体验，参与各种社会活动，如大学生社会实践、志愿者服务以及个人暑期的实习，让自己更多地接触社会

实际，促进自己与社会的融合。同时，也要进一步认识社会对未来职业的要求与需求，明确自己学习的目标与方向。

师范大学时期，学习对师范生的一生影响最大，也最为重要。因为这是专业性教育，将基本确定一个人一生的教育专业方向和教学工作的性质。

我国古代没有专门的机构培养教师，秦朝在教育中实行“以吏为师”，汉代经考试择师，科举之后，只要通过科举考试获得了秀才、举人、进士，或者学术和德行好，就可以当教师。古师，包括民间私学的塾师，多钟爱名声、自重律己、尊重知识、严谨治学。

直到17世纪下半叶之前，教师从业者从来都是在教育和教学实践中自然生成的。除了对教师的任教学科有程度不一的要求外，教师在教育和教学的专业知识的技能上是无须经过专门的学习和训练的。

在人类历史上，最早进入学校就仅仅为准备做教师的学生，出现在1681年法国的“教师讲习所”。

我国最早提倡师范教育的是梁启超，最早办师范教育的是盛宣怀，其于1897年在上海创办南洋公学，“考选成材之士四十名，先设一师范学堂”，“复仿日本师范学校”进行教书前的学习，而比较系统学习师范专业的，是京师大学堂的师范生。

后来，有许多进入师范学校（中师、师专、大学）的学生，通常称师范生，学生所修专业属于教育方向，将来的就业目标比较明确，即到各级各类学校或教育机构从事教学或管理工作，是未来教师的预备者。在师范院校，师范专业一般有汉语言文学、数学与应用数学、英语、物理学、化学、生物科学、思想政治教育、历史学、地理科学、科学教育、社会教育、计算机科学与技术、教育技术、教育学、心理学、体育学、音乐学和美术学等专业。

当今的师范生已不仅来自师范院校，其他非师范院校相关专业毕业生通过修学规定科目并通过考试达到要求的也可成为教师。

近年来，因从师的门槛已经是大学本科，为此，我这里就特定以师范大学的本科生来谈谈教师职业的预备及教育潜能的挖掘。

（一）师范生身心发展的历程

1. 生理发展

师范生正处于青春发育后期，性已经发育成熟，性意识开始觉醒，心理的发展正在完善过程中，是最健康的时期，罹患各种严重身体疾病的情况非常少。精力充沛，情感丰富强烈，情绪波动大。

2. 认知发展

师范生抽象思维、逻辑思维逐渐占主导。表现在：较中学阶段更善于遵循逻辑的规律，思维过程符合客观事物的逻辑顺序，思维首尾一贯，条理清楚；善于从广泛的范围内观察问题，全面地思考问题，能够抓住问题的基本轮廓，不会忽视重要细节和主要因素；善于通过现象深入事物本质而抓住事物核心；善于根据思维发展变化的情况，审时度势，采取恰当的处理措施；善于独立地认识问题和解决问题。因此，大学生的抽象思维、逻辑思维较以前逐渐占主导。

3. 人格发展

师范生处于青春期的中后期，这个年龄阶段是一个心理变化激烈的时期，也是最富特色、最具矛盾性、最多好奇与渴望的心理转折和完善期。

（1）情感情绪日益丰富。步入师范大学以后，一方面，学生的生理特征有了变化，身体素质好，喜欢运动，有活力，因此对生活有激情；另一方面，大学生的社会性逐渐增强，喜欢进行情感沟通。

（2）言行比较谨慎。怀着高考前对大学浪漫激情生活的向往进入师范大学，学生会有短暂的兴奋。开始时，同学之间交往与个人言行一般会比较谨慎，关系并不紧密，矛盾冲突也少。

（3）生活态度会发生新的变化。升入大学以后，学生在学习时间、学习方法、信息获取和金钱使用上相对自由，既有好处又有坏处，因为可以支配属于自己的东西，但是由于缺乏经验，使用这些“自由”时，常常带有盲目性。加上周围的环境变了，大学校园的社会化程度远远高于中学阶段，有部分学生开始对高校的生活模式和节奏感到不适应，有的会怀念中学的生活。一段时间后，其自我适应会增强。个体的自我会逐渐社会化，适应社会并掌握社会认可的行为方式。

（4）开始进行角色转换。新生的环境适应、人际适应、学习适应，开始随着师范课程的推进而发展，学生会在不同的环境中意识到或认同教师的角色，表现出师范生该有的行为。但触及惯常思想和行为，过去的习性仍然有较大的影响。如果不是真正喜欢教师职业，还会出现适应性障碍，如心理发展不平衡，情绪不稳定。有的学生青春初期对自我形象的认同还未彻底解决，到了大学，看到别人俊美潇洒，总感到自惭形秽，长时间调适不好则产生自卑心理，丧失自信心。也有的开始向往与介入朦胧的校园爱情，开始关注异性，渴望与异性交往，甚至从众谈恋爱。成功者有之，失败者也不少；还有不少学生沉迷于网络。值得师范生注意的是，要珍惜大学的学习机会，理性地对待恋爱问题。从个人成长经历看，大学阶段不宜花费过多精力谈恋爱，更不应迷恋网络游戏与网络交友。因为，大多数的大学生对婚姻的认识与看法是比较单纯、片面和缺乏理智的，应避免陷入情感的旋涡，尤其女大学生要防止受骗上当。

总之，精力充沛、积极向上是主流；发育成熟，心理上却不够成熟，仍有一定的幼稚性、依赖性和冲动性。

（二）师范生身心发展阶段及状态

1. 一年级是适应阶段

新生步入大学，从高考成功的喜悦中冷静下来，首先面临的就是从中学生活到大学生活的急剧转折。生活环境的变迁，人际关系的变化，学习方式的变更，凡此种种，都可能使他们感到很不适应，整个身心处于动荡不安之中。原有的、习惯化了的心理结构被破坏，心理平衡被搅乱，周围全是陌生的面孔、陌生的事物。在一片陌生之中，逐步开始新的生活；在克服各种不适应的同时，力图建立新的心理结构，以达到新的心理平衡，从而开始真正的大学生活。大学新生经历对大学生活从不适应到适应的过程。

适应阶段是整个大学时代的困难期，很多问题解决不好，会影响到以后几年大学生活乃至毕业后的生活。适应准备阶段持续时间的长短因人而异，与个人适应能力的强弱有关。对多数学生来说，生活环境的变迁是一个不小的挑战，需要一个学期左右来过渡，主要是要自己独立生活，应付一切生活琐事。例如，几个同学共住一间寝室，彼此生活习惯、作息安排包括语言隔阂，都需要面对。很多新生远离家乡、亲人，原来父母包办一切，现在一切靠自己。这种依赖和独立的心理反差，使学生原有的浪漫想象基本消失，孤独感、怀旧情结和对新事物的紧张情绪油然而生，和同学、舍友交流的心理需求逐渐增强。

入学不仅是进入了一个新的学习和生活环境，同时也意味着进入一种新的人际关系之中。面对来自各地、性格、特点各异的新同学，如何建立协调、友好的人际关系是非常重要的。大多数学生在入学前一直生活在自己熟悉的同学或亲人之间，人际关系相对稳定。而进入大学，需要重新结识别人，确立人际关系。这一过程的进展将对学生整个大学生活产生非常大的影响。

对新环境的适应也包括对自己地位变化的适应。这种变化更多地表现在学习以外的方面，如人际交往能力，组织管理能力，语言表达能力，体育、艺术能力，甚至文学修养等。这些因素加在一起，就使得几乎每一个大学生都面临一个重新评价自己与他人，重新确立对自己看法的过程。这个过程可能会持续很长的时间，而且很容易出现各种各样的问题，从而影响大学生之间正常的交往和学习，也将极大地影响着他们适应新环境的过程。

相对来讲，大学生对新的人际关系的适应远比对学习和生活环境的适应困难。如同学之间常常发生口角、争执，各种各样的误解和摩擦；甚至在商店、邮局、食堂与工作人员发生冲突。

学习适应问题上，一个显著的特点是希望自己在各个方面都能取得优异的成绩。但他们又意识到大学的学习与中学的不一样，特别是学习心态和目标不同于高中学习，原有的高考支撑点已经成为过去时。高中目标很明确，在高考中取得高分。大学比较难以明确自己的学习目标和意义，能不能当教师，自己心里没数；即使可以当上教师，社会地位也不高。这些问题，有时使学生感到迷惘，有的学生甚至开始浑浑噩噩地打发日子。

大学生一般都充满豪情壮志，都有自己美好的打算，如尽快形成自学习惯和提高自学能力，开始进行有选择、有计划的学习，学会合理支配自己的学习时间，制订合理的计划，妥善安排时间，不因无所事事而无聊，也不因杂乱无章而疲于奔命。

学生开始克服依赖心理，树立起自我识别、自我选择、自我控制、自我评价的自主学习观，进一步掌握各种有效的学习方法和灵活运用各种学习工具。在学习中注意开拓思路，有的开始探索专业领域的相关问题，逐步形成自己独立的知识体系和学习方式。

在学习中，许多学生的专业思想会逐渐树立起来，专业兴趣一般会逐渐得到提高。如果对所学的师范专业产生了特别关切与喜好的情绪，还会产生良好的心理状态，并力求增加自己认识教育世界、探索教育真理的带有情绪色彩的教育实践活动，对教育案例会产生比较浓厚的兴趣。这种兴趣，在一定程度上会变为学习动机中最活泼、最积极的因素，甚至成为终身学习的重要动力。

这种动力会确立起明确的学习目标，会获得学习成功的体验，会为自己创造多方面成功的机会，最后，不断发现新的“自我”，增强自信。

2. 二年级是稳定发展阶段

这一阶段是大学生活全面深化和发展时期。入学时的不适应已基本消除，新的心理平衡已初步建立起来，各方面的关系已趋于熟悉、稳定，新的生活秩序开始建立，大学生活进入相对稳定的阶段。

在这一看似平静的阶段，大学生极强的可塑性得到充分展示，每个人都按自身独特的方式塑造着自己。可能会遇到许多锻炼提高的机遇，可能会有克服困难取得成功的欣喜，也可能会遇到困惑、苦恼，这正是大学生的成长过程，大学教育的主要目标将在此期间完成。

随着环境的熟悉，各种学习和活动展开，每个学生的特点都相继表现出来，并有所发展。随着各种组织的建立和工作的开展，学生之间的来往增多，学生在各方面都比较活跃，优秀学生的学业开始进入快车道，学校的各种资源被充分利用起来，对教师的教授风格开始欣赏，对自己关心的问题会大胆提问，希望得到教授授之以渔式的学术指导。思想开始丰富深刻起来，对各种教育问题开始进行比较深刻的思考。同时，学习、爱情、人际交往中的问题也逐渐暴露出来。

学习任务繁重而紧张，内容较深广，部分学生不适应，在学习过程中表现出一种不能自控的不良心理反应，如想学学不进、注意力不集中、学习效率低、记忆困难，对专业认识不够，缺乏学习兴趣；有的因考试成绩的不理想而情绪低落，甚至产生惧怕、厌倦、焦虑和紧张的学习心理；有的出现逃课现象；有的科目需要重修，有的抵御不了电脑的诱惑，天天上网，甚至以虚拟的游戏来充实学习生活。还有部分学生把精力、时间都放在对异性的追求上，当不可能得到对方时，就陷入单相思或失恋的痛苦中无法自拔，情绪低落，或整日沉默不语。

自我中心仍然突出。天之骄子的境遇与独生子女的成长过程使得有的学生在学习与交往过程中只想自己获得好处，而不顾及其他同学的意愿和利益，过于强调各种评价的自我感受，即我认为是什么就是什么；注重自己目的的实现，即我想获得什么利益就应获得什么利益。当然，也有的学生开始放弃以自我为中心；真诚地关心别人；请别人提意见和帮助自己；热心为别人服务；经常参加集体活动和社团活动。

出现心理不相容。学生在学习与人际交往中不能容忍别人与自己观点的不一致，对他人的一些个性特点往往“看不惯”，因而懒得交往。在与人交往的过程中，有时将自己的观点强加于人，或因为自己的才能不能引起他人的重视而苦恼焦虑；也常常会为一些在旁人看来微不足道的小事挑起争端，自伤和气。更严重者，当意见发生冲突的时候，容易意气用事，情绪激动，甚至会导致矛盾激化，将事情引向极端，做出对人对己都不利的傻事。

冷静以后，许多学生会自觉纠正学习和生活中出现的各种偏差，及时妥善地解决出现的各种问题，营造适宜自己学习的良好环境。

有的学生会针对自己的缺点与特长，挖掘新的发展因素，选择不同的教育内容，开始自我巩固，把可能出现的问题解决在萌芽状态。

3. 三年级是努力提高阶段

经过两年的学习，学生在各方面都打下了一定的基础，进入三年级以后，大家都努力提高自己，如有的学生在政治上积极要求进步，为加入中国共产党组织而努力。

在比较沉重的专业课面前，学生具有了较强的自学能力，学会了集中精力攻克自己的学习难关。

学生开始乐于参加各种团体活动，在团体活动中，同学之间开始加深彼此的了解，学习之外的能力开始得到比较充分的展示，对团体的群体归属感逐渐强化，单独活动能力也得到发展。

有的学生往往突然意识到自己已经是高年级，离毕业不远了，开始考虑自己以后教育职业的发展或继续考研，努力解决出现的学习问题，发展自我教育的能力，自己教育自己，自己管理自己。

大学生作为同龄人中的佼佼者，容易把自己的未来设计得过于完美。而现实生活中的各种客观条件，会妨碍“理想自我”的实现。对这一客观事实认识不足，就会引起认知上的矛盾，从而严重影响心态。在客观现实面前，有的学生能及时调整对自身的认识，重新树立起自己的人生目标，使之符合客观现实的要求；而有些学生则企图逃避与现实的矛盾冲突，出现消沉、颓废、苦闷与抑郁，或耽于玩乐、放纵，发泄对现实的不满，以此来麻痹自己的心灵，甚至滋生自杀倾向等严重心理问题。

处于大学阶段的学生已强烈意识到自我，也注意到了自我的脆弱，因而产生强烈的充实自我、发展自我的需求。但是，这是一项复杂而难以驾驭的系统工程。其中，有个别学生因在追求发展自我的过程中顾此失彼，没能达到期望的目标，从而产生了不良心理反应。还有一类同学，他们在发展自我的过程中放大了自我劣势，忽略了自我优势，由于害怕暴露自己的弱点而采取某种防御和压抑性的心态，他们很少与同学、师长交流，过多独处，情绪不稳定，多疑而不信任他人，以致产生严重的烦恼和恐惧不安的情绪。

有的学生与同学之间的联系过于松散，只顾自己，没有形成与现实中他人、团体的紧密联系，特别是个性比较突出又不善于与人相处的学生，开始借上网来打发时间，久而久之，对网络的沉迷又使学生对现实生活产生厌恶和逃避，导致人际关系疏离，自我迷失，甚至出现无法完成学业的情况。

懒惰者大部分醒悟起来，开始认真面对英语四级的考试。有考研打算的学生更加努力，不考研的同学也开始思考如何好好度过剩下的时间。

生理的发展和成熟早已让他们走向了异性吸引的时期。在此基础上，由于自主性的获得，从众心理的影响和社会大环境的推波助澜，恋爱已经成为学生最关注和投入精力最多的事情之一，这时的恋爱，常常表现出动机多元、周期较短、频率较快、悲剧较多的特点。容易对爱情产生失落感、虚无感以及建立在爱情梦想破灭的基础上的人生缺失感、幻灭感；而另一部分总感到自己缺乏被爱的吸引力，又常为自己还没有恋人而自卑。

有的积极参加各类活动，丰富自己的精神生活，不因空虚和孤独而去恋爱。积极主动地待人接物，消除对异性的神秘感。即使爱情失意，也能够在反思自己的同时，把注意力放到学业和生活中来。

4. 四年级是走向成熟阶段

大学生活即将落幕，人生进入重要的转折点。面对又一次环境变迁、角色变化，学生心理又将波澜迭起。不过，此时的学生已接受了严格的专业训练和独特的校园生活的陶冶，自主感较强，自我意识也有了很大的提高，对未来的生活有种种设想。开始做走向社会的心理准备。所有大学生面临毕业后的可能选择，一方面要通过写毕业论文来证明自己的专业能力，另一方面要四处出击，希望找到就业的机会，有的还要处理与恋人的关系。可以说，这个阶段往往是大学生各方面素质接受综合考验的阶段，同时又是促进大学生心理成熟的关键时期。

大部分学习任务已经完成，毕业即将来临。开始掌握就业形势与就业政策，形成适合自己的就业思想。

就业市场上的艰难、考研道路中的迷惘以及遭遇分手考验的爱情，成为毕业生的三大心病。多数学生不再关心集体，只要求自己在毕业前不出差错，有个圆满的结局。学生中的各种矛盾趋向缓和。

要毕业，忙着做论文，忙着找工作。没机会让自己懊悔以前的懒惰，也没时间让自己重新学习。书到用时方恨少，学生开始觉得学校的一草一木都是那么可爱，那么有感情，就连值班室平时“凶恶”的阿姨和大叔都那么可爱，那么温柔。

有的学生开始和朋友告别，各奔东西。学生对一直有怨言的学校开始依依不舍。他们经常感受到家人期待自己快点找到工作的压力，并意识到自己要挑起家里的重任，要离开大学了，开始不断回想大学的生活，不断地照相留念。

随着社会竞争的日益激烈，大学生的就业矛盾也日益突出，就业问题成了压在学生心头的大山；求职择业难，自然会背上种种心理包袱，如在社会为其提供的教育就业机会面前顾虑重重，有的不能主动地参与就业市场的竞争；无法找到自己的求职方向；就业期望值过高，择业脱离实际；等等。

有的学生使用适当的方式来宣泄自己的感情，妥善处理好爱情，珍惜好自己最后的大学时光，采用合理、合法的方式完成自己内心未完成的情节，为未来的人生做好准备。

有的学生把自己的优势和教育职业选择相结合，有的学生还进行了职业测评，作为择业的参考。有的学生知道避免攀比心理、从众心理对自己的择业造成不良影响。

找到工作的，就自我安慰；工作没着落的，就会觉得前途渺茫。还有一些想考研的，则开始进入最后的努力。

每个离开大学的学生都会怀念大学的日子，这几乎是所有学生的通病。因为与社会相比，大学毕竟是多姿多彩而又相对单纯的舞台。

二、教育人生的“师”性与“范”式

目前，我国师范院校的教学内容和课程设置虽与综合大学有区别，但总体来看，师范性的特点体现得还不够，教育学科课程单一、课时偏少。师范生多数意识不到自己的学习与未来职业的关系，意识不到当一名教师究竟需要何种能力和技巧，做教师后才发现“学过的没有用，有用的没学过”。因此，除了上述一般大学生都具有的共性之外，师范生还有一些职业性的认知发展与人格发展。

（一）师范院校的年级呈现

一年级师范生的认知发展与人格发展概况如下。

（1）完成身份认同。《中华人民共和国教师法》规定：“教师是履行教育教学职责的专业人员，承担着教书育人，培养社会主义事业的建设者和接班人，提高民族素质的使命。”这明确要求师范生必须具有三项专门的素养。一是从事教育这一专门职业活动的资格，如要达到符合规定的学历，要具备相应的专业知识，要符合与其职业相称的其他有关规定，如语言能力、身体状况等。二是教育教学是其职责。三是教书育人是其使命。

（2）对教师职业有基本的认知。教师这一职业既崇高又清贫。教师这一职业越来越受到社会各界的尊重。尤其是近两年实施的免费师范生政策，更突出表现了教师这一职业越来越受到国家及社会各界人士的重视。然而教师又是清贫的。历来“教书匠”中很少有富翁，待遇与经商、从政相比，相差甚远，含辛茹苦却换来少得可怜的薪水，心中难免会感到不平衡。但教师是一个比较平稳长久的职业；工作有规律；受大部分人的尊重；假期较长。教师的工作是育人的工作，这是其他行业无法比拟的。教学不仅仅是一门技术，更重要的是一门艺术；它不仅仅传授知识，更重要的是培育合格的人才。作为教师，要将自己所拥有的东西毫无保留地交给学生，不单单是为了谋生，更多的是为了培育祖国的下一代。这是师范生未来能否成为一名优秀教师的思想基础。

（3）树立职业的理想信念。当今社会，功利色彩日趋浓厚，受其影响，不少人“这山望着那山高”，“跳槽”和“改行”屡见不鲜。师范生必须从大一开始，就铭记“学高为师、身正为范”，处处想到为人师表；尽快形成稳定的专业思想与敬业精神，这是有理由去爱的职业。

（4）一年级要尽可能练就一些教育的基本功。一是要养成说普通话的习惯，多参加一些演讲课，演讲的内容不要泛泛而定，要具有教师的工作特色，可以选择主题班会、时事讲话、模拟家访、批评犯错误的学生等作为演讲的内容。二是写好“三笔字”。粉笔字、钢笔字、毛笔字是教师最基本的技能。三是初步掌握现代教学技术，如制作幻灯片、制作电子课件、制作教学光碟等。

二年级师范生的认知发展和人格发展概况如下。

（1）认识和尊重教育规律。在为期四年的学习过程中，一般只设置“教育学”、“心理学”、“学科教学法”三门教育类课程，前两门学科是“公共学科”，最好通过自学把有关的教育学的学习贯穿在师范专业学习的始终，如将三门课拓展为人生发展教育学、人生发展心理学、教育史论、教育哲学、普通教育学、班级管理学、健康教育、教育选修等。这可以培养学生尊重教育规律的思想意识，有利于他们在教育教学中按照教育规律而不是按照个人主观愿望实施每一项教育活动；尊重人才成长规律，善于发现人才，创造条件重点培养优秀人才，使更多的学生早日成才；尊重学生身心发展特点；尊重教育学生的人格、个性、独立性、选择性和创造性，使自己培养的人才有志向、有个性、有特色、有质量。

（2）提升教育需要的专业知识和基本技能。如掌握基本的教学设计技能，使用教学媒体技能、课堂教学技能，组织和指导课外教学活动技能和教学研究技能。其中课堂教学技能包括导入、板书板画、演示、讲解、提问、反馈强化、评价总结等。教育教学能力是教师素质最重要的部分，专业基础必须扎实，必须具备组织管理能力和沟通协调能力及教师之间的团队精神，具有利用现代化教学手段的能力。

最好在中学教学经验丰富的教师的指导下，通览教材、熟悉课程标准，在走出学校大门之前，对将要教授的课程有一个较为全面的认识，明确该课程的教学目的及要求，了解教学重点和难点。

三年级师范生的认知发展和人格发展概况如下。

（1）尽可能成为通识人才。师范大学以学科设系，在强调学科知识专深的同时，不太注重教师所需要的综合素质的培养；所学的知识偏重理念。师范生应尽量多地了解一下其他学科的知识，就算不能达到博览群书，但至少要对其他科目略知一二，让自己拥有复合型的知识结构。师范教育显著不同于普通教育的一个特点是阶段性错位，中等师范学校培养初等教育师资，高等师范学院培养中等教育师资。高等教育中的“广博”与“专深”，有些是在自己的教育教学中派不上用场的，学生需要的多是基础性的知识与启发式的方法，特别是第二课堂教学，更需要“通识教育”。学生社团活动的实质都是在开展“通识教育”，校园的“导学”、“点评”、“名著赏析”与“学术争鸣”等活动，基本技能大赛、基本功培训，演讲赛、辩论赛、书画展评活动、读书节、科技文化艺术节等，都需要教师的通识与通才。

（2）初步形成自己的教育基本能力。一是基础扎实并初步会运用；二是有特长，能独立开设学生喜欢的选修课；三是能用多媒体进行教学；四是有一定的问题研究能力，能不断总结、提高；五是有管理学生的能力、组织能力和团班队工作能力。

四年级师范生的认知发展和人格发展概况如下。

（1）在实习中积累自己的第一笔教育财富。目前，师范生的实习并不受到学校的重视，有的甚至名存实亡。其实，实习非常重要，没有实践，就不可能对教育有真切的体会。实习过程就等于一只脚已踏入学校，需要自己去承担教育的责任和解决教育的问题。没有任何实习学校会把什么事情都安排好，因为很多事情的发展是无法预见的。需要与指导老师建立良好的合作关系，争取更多的机会和得到更切实的指导。实习结束，要基本能写教案、上讲台；能讲好普通话、写好粉笔字；会处理教材及选用参考资料；可以应付教育过程中的突发事件。

（2）具有创新能力和创新意识。目前中小学正在深化新课程的教育教学改革，需要教师有独到的本领、开创精神和创新能力，特别是随着网络的普及，教师与学生在获取信息方面相比没有优势，有些知识学生比教师还丰富，教师必须要技高一筹，如对信息的整合、对事物发展变化的敏感及创造性思考，力争给学生更多的启发。

（3）进一步认识师范生的自我和教育职业，开始就业前的准备。师范生作为大学生中的特殊群体，就业政策已经由统包统分向以市场为导向的自主择业迈进。师范生就业政策逐步与非师范生就业政策并轨，毕业生与用人单位双向选择。师范生可以以自己理想生涯的规划为基础，结合教师的职业生涯发展规律，设计自己教育生涯的方法和步骤，了解教育就业政策、求职技巧以及自身权益的维护和心理调适；实现从师范生到教师的职业转变。

总之，师范生应当珍惜在大学学习的时光，如果专业知识扎实，就能够应对将来教学中出现的各种复杂学科问题。如果师范生在大学不单纯学习书本知识，也关注实践性技能训练，学好教材教法和普通教育学，自己的教育人生就有了安身立命的本钱。

（二）教育实践必须丰富的“师”、“范”内涵

1. 博览群书，提升人文素养

人的心性、智慧在很大程度上是在文化的土壤里孕育出来的。从教师成长的角度讲，加强理论学习，并自觉接受理论的指导，这也是教师专业成长的必经之路。因此，提升自身的文化素养，最重要的是养成良好的阅读习惯，系统地阅读、批判性地阅读。大学生应当充分利用大学的图书资源与信息资源库，如学术期刊网。唯其如此，我们所期望的教

育智慧才有可能因了这肥沃土壤的滋润，而真正地从我们心底萌发、生长。因此，大学生应坚持多读书，读好书。通过读书逐步体验到学习的乐趣，不断丰富自己的人文素养和书卷气息。

钱理群提倡大家要读名著，因为每一个民族、每一个时代精神的精华都凝聚于其中，人类最美好的创造都汇集于其中。人类精神文明的成果，就是通过各类学科的名著的阅读而代代相传。名著的阅读，还可以是一种发现，既是对作品所描述的已知、未知世界的发现，也是对自我潜在的精神力量的发现。说到底，这乃是对“人”的发现，通过感受、体验、想象而内化为自己的精神。①

如果能够利用学校图书馆完成教育著作的阅读，使自己站到教育家的肩膀上，就会在教育实践中显示出人格的魅力与教育的智慧。

2. 掌握最基本最实用有效的教育方法

尽可能在前人教育实践与教育研究的基础上，对现在的一切教育现象进行思考，探索教育的内在规律与高效对策，并掌握一些实用高效的方法。

（1）在学生心理需求的关键时候，以自然的话语及举动激励学生。因为，人最重要的是别人对自己的尊重和信赖。即使是后进生，也同样看重自己在别人心目中的位置。

（2）会与家长建立教育学生的统一战线。教育的途径本来有三个：家庭、学校和社会。现在由于许多家长是双职工，工作比较忙，另有些家长不愿意花时间来教育孩子，甚至把教育孩子的责任都推给学校与教师，连教师家访都抽不出时间接待，因此，让所有家长都加入建立教育学生的统一战线中，就成为最紧迫的事情。可采用家长能拥有孩子多少年的话题和家长谈谈孩子能待在身边的日子是多么难得与宝贵。

（3）能够对一切教育现象进行思考，探索其中的内在规律并创造自己的高效教育教学法。理论必须有实践价值。理论是由实践概括出来的

① 参见钱理群：《要读名著》，《教育文摘周报》2003 年第 12 期。

关于自然界和社会的知识的有系统的结论，实践中的经验是活生生的经验，也是理论的来源。但过分强调引经据典，只能使理论落后于实践。我们要敢于自己创造经验，构建理论。

三、以人立教，见心成才

以人立教、见心成才，最核心的是必须了解教育的对象。乌申斯基指出："如果教育学希望从一切方面去教育人，那么它就必须首先也从一切方面去了解人"，"一个教育者应当力求了解人"。

结合中小学的教学经历，我花了几年时间，研读了基础医学类专业教材，如《正常人体学》《生理学》《医学生物学》等。又研读了医学科普教育作品，如《默克家庭医学手册》《身体能量的智慧》《四型生理时钟》等。随后将以上著作与心理学专著，如《发展心理学》《发展心理学——儿童与青少年》《发展心理学——人的毕生发展》《大脑研究与儿童教育》《儿童的语言与思维》等融合起来，从教育人生发展的角度，将关注点由生理发育转到身心发展，最后将这些转换为教育教学资源，并运用于自己的课题研究。

过去，我只研究课程教材教法与评价，现在更多地研究教育教学中的师生，发现师生的身心发展资源完全可以转化为教育教学资源，如当其生理处于最佳状态时，其体温升高，肺呼吸功能顺畅；全身肌肉舒适有力，情绪高涨，精力充沛，注意力集中，记忆力强，思维活跃，反应敏捷，理解能力强，灵感也多，与之相适应的教学常常会有意想不到的精彩。

要使学生成为社会发展的建设人才，使教师成为育人的高手，师范生在大学期间必须了解未来所教学生的身心发展特点及规律。身心发展是个体从出生、成熟、衰老直至死亡的整个生命进程中所发生的一系列身心变化。主要包括生理发展、认知发展和人格发展及标志性行为。生理发展是身体构造方式的发展，包括大脑、神经系统、肌肉、感觉，以及对饮食和睡眠的需要。认知发展是智能的发展变化与人类行为的发展。人格发展是生命过程中与他人的互动，是作为社会人与社会关系的发展变化和保持的联系方式，也是区别于他人的独特个性的变化与稳定性发展，常指道德表现、个人兴趣、心理需求，自我接纳程度和学习行为。

（一）小学生（6—12 岁）的习惯性与活动性

小学阶段是儿童心理发展上的一个重大转折时期，主要表现为三个特征：学习成为主要活动；掌握书面语言并向抽象逻辑思维过渡；开始有意识地参加集体活动。

小学阶段是人生的奠基期，也是生长发育最旺盛、变化最快、可塑性最强、接受教育最佳的时期。

小学生进入学校后，学习便成为他们的主要活动。他们的认知过程和人格发展会呈现四个特点。

一是智力和思维能力发展迅速。

二是身心发展是协调的，特别是在道德方面，这是人一生中道德品质最为协调的阶段。

三是心理发展是开放的，因其经历有限，内心世界不太复杂，所以显得纯真、直率，能将内心活动表露出来。

四是发展变化具有极大的可塑性。

1. 生理发展

成长过程变得缓慢而稳定。肌肉成型，婴儿肥消失。粗大运动技能（如骑车、游泳、溜冰、控制球）和精细运动技能（如书写、打字、系纽扣）继续提高。以大脑为核心的神经系统的发育为各个年级的学习、生活奠定了生理基础。

（1）身体发育正处于两个生长发育高峰之间的相对平稳阶段。身高平均每年增长 4—5 厘米，男孩身高的生长高峰年龄为 12 岁，年增长为 6.6 厘米。女孩身高的生长高峰年龄为 11 岁，年增长为 5.9 厘米。体重平均每年增加 2—3 千克，胸围平均每年增加 2—3 厘米。男孩体重增加的高峰年龄为 13 岁，年增重为 5.5 千克。女孩体重增加的高峰年龄为 11 岁，年增重为 4.4 千克。女生发育加速期、身高生长高峰期和体重增加的高峰期，都比男生提早 1—2 年。

（2）脑重量 7 岁时约 1 280 克，9 岁时达 1 350 克，12 岁时便接近成人的 1 400 克。小学生大脑神经活动的兴奋性水平提高，高级神经活动从第一信号系统占优势逐渐过渡到第二信号系统占优势。

（3）大脑抑制机能逐渐发展。大约从 4 岁开始，抑制机能就蓬勃发展起来。皮层抑制机能是大脑机能发展的重要标志之一，它强化了学生心理的稳定性，提高了学生对外界环境的适应能力。

小学生由于神经系统结构及第二信号系统的发展，特别是由于学校生活有要求，如上课坐好、安静听讲等，能更快地形成各种抑制性的条件反射，还能依此对学习内容等加以精确分析，并能更好地支配自己的行为。

（4）抑制机能与兴奋过程都属于高级神经活动的基本机能。兴奋机能增强了，醒着的时间就多。7 岁时，每天需要睡 11 个小时左右；12 岁时，每日只需睡 9—10 小时。

但此时大脑兴奋与抑制的平衡性差，如果学习负担过重，作业量太大，连续长时间地用脑，会导致大脑超负荷地兴奋，并诱发疲劳，这会使第一信号系统与第二信号系统间的正常联系遭到破坏。同样地，过分的抑制也让学生难以忍受，如学习既不能理解又毫无兴趣的内容，坚持不了多久，学生会变得异常烦躁。

（5）大脑皮层高级神经活动机能还不完善。随意运动发展水平不够高，学生对自己活动能力的估计不足，加上自我控制力差，在活动过程中常常难以进行很好的自我调节，如活动时不能保持身体的各种正确姿势，骨骼、肌肉和韧带经常受到损伤。活动量常常过大，活动时间过久，甚至有时会由此而产生违反纪律的行为。

（6）心态易变。小学生的学习动机还不十分明确，容易受到成人和外界环境中各种因素的影响。兴趣还不稳定，且经常变换。注意力不够稳定，中、低年级学生一般只能集中注意力 20—30 分钟。还没有形成稳定的性格特征，心理的可塑性极大。

（7）骨骼骨化比幼儿有了很大进展，但尚未成型。骨骼系统的许多软组织、椎、骨盆区和四肢的骨骼还没有骨化，骨骼组织含水分和有机质多，含钙盐成分少，这使骨骼硬度小、韧性大，富于弹性，易弯曲变形。肌肉的力量也不强，心率、血压、肺活量及其他生理指标也还不稳定，且与成年人的指标有较大差距，需要特别注意学生坐、立、行、读书、写字的姿势正确。适当的爬山、游泳、打球、跑、跳等活动，有益于骨骼骨化。如较长时间限制其活动，学生就会感到身体不适。

（8）肌肉继续发育。一是大肌肉群发育后小肌肉发育加快。二是增加肌肉长度后，开始增大肌肉横断面。因此，小学生能做比较用力和动作幅度较大的运动，如跑、跳、投、掷等活动，而对小肌肉运动精确性要求比较高的运动则很难做好。

2. 认知发展

这是具体运算阶段，小学生的记忆和认知技能得到快速发展，分析综合能力提高了，思维挣脱了自我中心，达到守恒。另外，对自己思维过程的认知以及如何学习的能力也有所发展。通过学习，学生将逐渐具备人类思维的整体结构。

（1）学生认知结构中已经具有了抽象概念，能够进行逻辑推理，标志是守恒观念的形成。即学生认识到客体在外形上发生了变化，但其特有的属性不变。

（2）思维能力迅速发展。思维的基本特点是从以具体形象思维为主要形式逐步过渡到以抽象逻辑思维为主要形式，这是思维发展过程中的质变。但这种抽象逻辑思维在很大程度上，仍然是直接与感性经验相联系，且以具体形象思维为主。

对道德概念的认识已从直观具体的、比较肤浅的认识逐步过渡到比较抽象的、本质的认识，并开始从动机与效果的统一来评价道德行为。形成了解决各类问题的逻辑推理，由大小前提得出结论，不管有无具体事物，都可了解形式中的相互关系。具有了假设思维与演绎思维。不仅从逻辑上考虑现实的情境，而且考虑可能的情境。

可进行多维思维。如呈现一个几何图形，要求学生对事物多维归类，学生可完成下列任务。①正方形的数目。②长方形的数目。③白色图形数目。④阴影图形数目。⑤阴影正方形数目。

思维具有可逆性，这是守恒观念出现的关键。一、二年级时，学生的思维过程经历了一场变革，记忆的编码、存储和提取能力有所提高，元记忆有所发展。这是从前运算思维向详细运算思维的过渡。这使学生可以在心理上完成某些活动，而不像过去那样必须由实际的身体活动来完成，也使学生能在心理上进行活动的逆推。如用杯子倒水，学生不仅能够考虑水从大杯倒入小杯，而且还能设想水从小杯倒回大杯，并恢复原状。

会进行具体的逻辑推理。开始用逻辑运算来解决问题，开始理解守恒（物体形状的改变并不会必然影响其数量）和转变（物体可以在没有变化的情况下历经多种状态）。个体运算阶段虽缺乏抽象逻辑推理能力，但能凭借具体形象的支持进行逻辑推理。

能运用符号进行抽象思维。初期，思维依靠于详细的对象和情境，只能孤立地认识事物的个别特征和表面现象。随着年龄增长和学习活动的深入，学生开始了解事物之间的联系，并根据种属关系对事物进行分类和简单的分析概括，甚至掌握一些抽象的概念。

思维形式逐渐完整，解决问题的能力明显提高。会用系统思维分离出所有有关的变量和这些变量的组合，如探究什么是决定钟摆的摆动速度的因素，会从摆的长度、摆锤的重量、推动摆捶的外力和摆锤偏离中心线的角度来考虑。

从具体形象思维向抽象逻辑思维发展的过程中，存在着不平衡。这种发展，在不同个体身上存在着显著差异。如多数 6—7 岁儿童能进行 10 以内的整数加减运算，少数发展快的可以进行 20 以内，甚至 100 以内的整数加减运算，而一些发展较慢的，上小学时还未完全掌握 10 以内的数概念，更不能进行整数加减运算。思维越是发展到高级水平，个体差异越大，11 岁以上的有可能达到形式运算水平。

学生从一个阶段向另一个阶段转化并发展高级认知行为的同时，仍旧保持了前一思维阶段的特点。形式运算思维一般先在自然课程中出现，而后才在思想品德、历史学科发展。

同一个人在某一学科领域的思维可能达到形式运算水平，但遇到新的困难问题时，其思维又会退回到具体运算水平。而且，个人在某门经验较丰富的学科中能进行形式运算思维，并不意味着他在陌生的学科也能以同样的方式思维。

思维由具体形象思维向抽象逻辑思维过渡，存在着一个“关键年龄”。如直接推理能力的发展，一、二年级为第一阶段，三、四年级为第二阶段，五年级为第三阶段，发展的加速期在四、五年级之间。

掌握不同形式的直接推理是不同步的。二年级学生能运用演绎推理来解释个别现象，但如果其解释与事实在表面上不相似时，判断中的逻辑关系就会受到破坏。三、四年级学生不仅能直观感知事实，而且能对通过言语提供的事实，运用演绎推理进行解释。只要所解释的概念所根据的那些事实有某些相似，学生就能比较容易地进行演绎推理，但如果缺乏相似性，他们就会感到困难。三、四年级学生已能以较快的速度进行演绎推理，但他们所进行的演绎推理是不完全的、半封闭的。

学生在进行归纳推理时，常被一些非本质的现象所吸引，不能用归纳推理来确定一般规律和定理，得不出正确的结论。随着知识经验的增长及教学的作用，到小学高年级时，学生能在许多个别现象中概括出本质的因果关系，并用归纳法得出结论。

（3）感知力继续发展。低年级时，对事物的感知比较笼统，往往只留意表面现象和个别特征，时空特性的知觉也不完善。随着教学过程的深入，感知能力有了很大提高，知觉的有意性和目的性明显发展，能从知觉对象中区分出基本的特征和所需要的东西，对时间单位和空间关系的辨别能力也逐渐增强，其准确性、系统性都不断提高。

（4）记忆能力从以机械识记为主发展到以意义识记为主，从以具体形象识记为主到词的抽象记忆能力逐渐增长，从不会使用记忆策略到主动运用策略识记。

记忆力持续发展。大约在三、四年级，随着教学的影响、知识的丰富和智力的发展，学生的抽象记忆逐步超过形象记忆，意义记忆所占的比例逐渐超过机械记忆而在记忆活动中占据重要地位。

（5）注意力持续发展。刚入学时，事物、人物、活动的形状、颜色、声音、形象更容易引起他们的注意。注意力水平有限，目的性还很低，易于分散和转移，以无意注意为主，既没有预定的目的，也不需要意志努力，易受新奇刺激的吸引，注意保持的时间短暂，约为 20 分钟。注意范围比较狭小，不善于分配自己的注意力，不善于根据任务把注意力从一件事情主动转移到另一件事情。

教学的直观、形象和教师所创设的教学情境对小学生有很大的吸引力。

随着大脑不断成熟，神经系统活动的兴奋与抑制过程逐步协调起来，有意注意逐渐在学习和其他活动中占主导地位。四、五年级学生在课堂上可以根据学习活动和教师的要求将注意指向学习对象，有意注意由被迫状态提高到了自觉状态。

注意品质也在不断发展，主要表现为注意的集中性和稳定性增加，注意的范围扩大，注意的分配和转移能力逐渐提高。

（6）言语的发展。语言的语用能力和元语言意识逐渐强化。自我感也开始分化出来。对口头言语中语音的细微差别逐渐掌握，并开始进入书写言语发展时期。小学生的词汇数量增加很快，对词义的理解越来越精确，语法运用逐步趋于合理、完善，言语表达更加连贯、生动和多样化。

（7）想象丰富。低年级学生的想象力十分丰富。在他们的头脑中，现实与想象之间往往没有明确的界限。有时候，他们会由于想象与现实的同一化，导致行为和言语的不合情理。中、高年级学生的想象能比较真实地表现客观事物，想象的内容也趋于现实，想象的现实性有了较大提高。

（8）去自我中心。逐渐学会从别人的角度看问题，意识到别人持有与自己不同的观念和解答。能接受别人的意见，修正自己的看法。这是小学生与别人顺利交往，实现社会化的重要条件。

（9）已经能够掌握一些简单的概念，并能进行初步的判断、推理。随着生活经验的不断丰富、知识的增长，能按照教师的要求，进行相应的想象活动，其想象还是以模仿、再现为主，且想象往往是事物的简单重现，有时还与现实不符，像童话和动画。

（10）兴趣成为学生自觉学习的动力。求知欲主要表现为提问、探索、摆弄物体。美感容易受事物外部的特征吸引，对美的体验仅仅与事物的具体形象相联系。如要学生把学习当作一种有目的的活动，就要提出明确的学习任务。

3. 人格发展

成为小学生，背着书包上学，坐在教室里学习，是令小学生感到兴奋、自豪和向往的。刚上学时，他们会早早地起床，背着书包，来到学校，对教师充满信任和尊敬，愿意按教师的指示行动，在课堂上认真听讲，力求更好地达到教师的要求。但他们对学习的态度是多种多样的，易受外在形象的吸引，有的还把学习与游戏混为一谈。

小学生的独立自觉性尚差，幼稚性和依赖性明显，在生活、学习、活动等各方面，都需要成人监护和具体指导。特别是在中、低年级，教师的威信往往高于家长，学生对教师有一种特殊的依恋心理，对于教师的要求、教师讲的道理、教师的评价等均非常信服，容易接受教育。这是教育的黄金时期。

（1）自我意识继续发展，自我概念形成。最重要的是自觉成为学习角色。一年级到三年级，自我意识发展处于上升时期。三年级到五年级处于平稳时期。五年级到六年级的学生开始从对自己表面行为的认识、评价转向对自己内部品质的更深入的评价，自我意识的发展达到一个新的水平，自我意识更加深刻。

人格开始形成，并显著地受社会文化影响，不断社会化，容易受到家庭、学校及同伴的影响。学校的学习活动，如考试成绩的好坏，教师对自己的评定，同伴对自己的接纳等，也加强了小学生对自己的认识，并使他们从不同角度对自己形成新的认识。他们更加明确地意识到自己作为独立个体的存在。

通常，学前儿童总是根据自己的身体特征和物理特征，如高矮、性别或拥有的物体等来描述自己。中、高年级学生则能用心理特征来描述自己，开始关注更加抽象、内在的特质，如智力、友善等。能将自己和同伴的心理特征互相比较，能多维看自己，并思索自己的长处和短处及其原因。能区分私密的、内在的“我”与公开的、外在的“我”。

（2）开始通过与他人比较来评价自己。学生主要通过社会比较来学习社会规范以及各种相宜的行为方式，也倾向于利用社会比较来评价和判定自己的能力。

小学生往往倾向于积极地评价自己，而这种评价与学业成绩以及其他的客观因素无关。但一般到二、三年级时，学习较差的学生很容易形成消极的自我概念，并在以后的学习阶段表现较差。

（3）自尊逐渐发展。小学生自尊的发展和他们的经验有直接关系，从学习、人际交往和游戏活动等不同的环境中获得经验，形成了各种不同的自尊。

（4）自我效能感开始形成。对自己能做什么和不能做什么的评估开始发展。如做功课，需要集中精力和时间，不断学习，就产生了勤奋感。因勤奋得到家长、老师的夸奖和奖励，又会产生荣誉感和自信心。如果父母自身就是刻苦学习的榜样，并且鼓励、支持、辅导孩子学习，学生就能够产生自信、勤奋等优秀的品质。反之，对学习没有兴趣，自然也就不刻苦，如再加上父母的期望不合实际，要么“牵牛上树”，要么斥骂，得不到表扬和鼓励，学生就会产生消极的情绪和不良的心理，就会自卑，甚至会破罐子破摔。

这一阶段发展起来的“勤奋感”或“自卑感”，将延续终生。

（5）道德观初步形成。对道德品质的判断，开始从只注意行为的效果到较全面地考虑动机和效果的统一，常有片面性和主观性。道德判断也从简单依附于社会的、他人的原则，逐步形成受自身道德原则的制约，但常受到外部的、具体的情境影响。已初步掌握了道德范畴，对自己的道德概念发展水平较高，对社会的次之，最低的是对他人的，存在不平衡性。

在整个小学阶段，学生在道德发展上，认识与行为、言与行基本上是协调的。年龄越小，言行越一致，随着年龄的增长，逐步出现了言行不一致的现象。年级较低时，往往按照教师和家长的指令来行动。缺乏策略，动机比较简单，不善于掩饰自己的行为。自我调节技能较低，较难按原则的规定行动，难以进行自我反馈，层次较低。高年级学生的行为比较复杂，有一定的原则性，产生了一定的策略和自我设想，逐渐学会掩饰自己的行为。开始对他人的评价进行一定分析，行为与教师和家长的指令会出现一定的差异。

道德发展出现“飞跃”，特别是三年级下学期前后。

（6）自律开始形成。开始依靠教师制订的具体规定及时检查，之后能遵守纪律，最后可把纪律变成自觉行为。

（7）“观点采择能力”获得发展。能采纳别人的观点来理解他人的思想与情感。儿童在 7 岁时就克服了思维上的自我中心性，观点选择能力可获得明显的发展。

（8）情感在发展。小学生已能更好地认识自己的情绪并对自己的情绪做出反应。能够认识到与自我评价有关的一些情绪体验，如骄傲、自豪和内疚等。高年级学生已开始不需要教师通过成绩来激发他们的自豪情绪，也不再为一些偶尔的过失而自责。只有真正做错了事，如不负责任、骗人或撒谎，才会感到内疚。

能更多地依心态来解释情绪。能同时体验一种以上的情绪，甚至包括对立情绪。如我很高兴又很失望，如得到了不想要的礼物。能认识到，表情不能真正反映内心的情绪体验，开始学会隐藏自己的真实情绪。能认识到情绪的因果关系，知道特定的情绪总是由某些原因引起的，而同样的原因会使背景不同、经验和个性不同的人产生不同的情绪。能使用一些策略帮助自己调节情绪以适应困难情境，如分散自己的注意力，有的已懂得用认知策略来对待情绪和调节情绪。

会用情绪表达规则来建立良好的人际关系。能从概念上理解情绪表达的规则，并能理解情绪表达的意义和目的以及应用它的重要性。

（9）交往变得更为广阔。一是非常重视与同伴的关系。小学生喜欢成群玩耍，群的大小随着年龄的增长而变化。在低年级，一般是2—3人的小集体，他们常在一起游戏或做作业。群的形成，往往是由于住地接近或某种偶尔机会的结合，这样的结合自然是不牢固的，容易分散。这阶段，如果一个小学生被小集体排斥，显然也会感到痛苦，但对其心理影响程度不太大。因为这个孩子会参加其他的小集体。到了中年级，小集体人数增至7人左右。升入高年级，小集体人数又减少到3—4人。这种集体的形成基础是彼此同情、共鸣、兴趣和相互尊重，所以稳定性增强，个人受朋友的影响也随之增大。如果一个学生被集体排斥，他会感到非常痛苦，甚至不想上学。

低年级同伴群体通常是由同龄、同性别组成，六年级时，同伴群体中既有男生，也有女生。这使得小学生有机会将自己的能力和技能与别人相比较。群体中的成员相互展示着各自不同的世界，每个成员通过分享彼此的态度和价值观，学会了怎样鉴别并形成自己的态度和价值观。

同伴关系中最重要的是同伴接纳。不被同伴接纳的学生通常都是高危生，如经常“违法乱纪”，有强烈的攻击性。也有些是没有能力、被人欺负的。受欢迎的同学多有合作精神，乐于助人，关心别人，很少捣乱和攻击人。

二是对情谊的理解渐趋成熟。有一种说法：3—7岁，友谊关系还不稳定；4—9岁，单向帮助阶段；6—12岁，双向帮助阶段；9—15岁，亲密的享受阶段；12岁开始，友谊发展的最高阶段。

据我观察，学前儿童将情谊看成是与特定情境有关的临时关系，不是建立在共同的兴趣或信念的基础之上。小学阶段，情谊变得更加稳定和互惠。小学生通常根据个性特征来描述朋友，如“我的朋友非常友善”，情谊是建立在相互支持、关心、忠诚以及相互的付出与回报的基础上，朋友就是重要的情感支柱、认知源，是掌握社会规范、社会交往技能以及成功地解决冲突的途径。它提供着互相学习社会技能、交往、合作、自我控制及体验情绪的机会，是以后的人际关系的基础。有朋友，学习和活动就快乐。

三是形成同伴团体。在一定规则基础上进行相互交往。限制其成员的归属感。具有明确或隐含的行为标准。发展了使成员向完成共同目标而一起工作的组织。形式多样，有的结构松散，有的组织较严。

四是与父母的关系呈现多样化。有的父母言传身教，直接向小学生传授各种社会经验和行为准则。有的父母采用奖惩的方式强化行为准则。有的对父母充满依恋感，经常向父母倾诉不安和烦恼，以得到父母的安慰和帮助。

五是男孩与女孩的友谊模式存在差异。男孩大多以群体的方式和其他男孩交往，而女孩倾向于单独或成对地和其他女孩交往。

六是师生关系具有阶段性。刚入学时对教师充满了敬畏与崇拜，教师的要求比家长的话更有权威，这帮助学生很快掌握了学校生活的基本要求。三年级开始，小学生道德判断进入可逆的阶段，学生不再无条件地服从、信任教师了。随着年级增高，对教师的态度开始变化，开始对教师做出评价，对不同的教师也表现出不同的喜好。

如经常看到教师向自己发出微笑，表现友好行动，注视自己，或有更多的提问，提供更多的有挑战性的材料，提供更多的线索和经常受到表扬，会继续保持或强化对教师的尊敬。

（二）初中学生的形象性与创造性

这是个体生理发展的又一个显著加速期，他们身体的各个方面都在迅速发育并逐渐达到成熟；然而也因心理发展的速度远远跟不上生理的发展，造成了身心发展中的独立性和依赖性、自觉性和幼稚性交错，“半成人”、“半小学生”的特点十分明显，可塑性大而不稳定，面临一些心理危机，被喻为多事的季节，心理学称“心理断乳期”。

小学时的心理状况对初中阶段的心理发展有直接的影响。如思维发展，它是由相对低级的动作思维发展到形象思维，再由具体形象思维发展到抽象逻辑思维和辩证思维。小学时学生主要依靠具体形象思维，而到了初中，学生的逻辑思维开始强化，这为抽象理论学科的学习做了心理上的准备。

1. 生理发展

青春发育期的最大特点是生理上迅速成长、急剧的变化，女孩在大约 10 岁的时候进入快速生长期，男孩则在 12 岁左右进入快速生长期。女孩在 11 岁或 12 岁左右进入发育期，男孩在 13 岁或 14 岁左右进入发育期。

（1）身体外形改变了。随着性腺机能的逐渐发展、完善，学生骨骼、肌肉系统迅速生长，在 1—2 年内身高迅猛增长，体重也猛增，体态接近成人。身高平均增高 4.74 厘米/年，体重平均增长 9—10 斤/年。体重合适，身体匀称而挺拔。眼睛明亮，头发具有光泽。肌肤具有弹性。

（2）心脏机能、肺活量等也都有显著发展，接近成人。心脏重量加大、功能增强、颜色变深。肺活量比 9—10 岁增加一倍。

（3）性机能成熟。女孩子的青春发育约起于十一二岁，男孩子约始于十三四岁。生殖器官发育长大，性腺机能开始显现，表现为第二性征的出现，男女两性的性别差异日渐明显。女性的标志在于月经来潮；男性的标志在于遗精现象的出现，出现胡子和喉结。第二性征也发展起来，两性都长出阴毛和腋毛，女孩的乳房开始发育，男孩的声音变粗。性机能的发展，使学生萌发性意识；身体各方面的突变，使他们产生神秘感、好奇和不知所措。

开始对性发育做出反应。9—11 岁，是疏远异性阶段。由于生理上急剧变化，性别发育差异，往往对性的问题感到害羞、腼腆、不安和反感，在心理上和行为上表现出不愿接近异性、彼此疏远、男女界限分明、喜与同性伙伴亲密相处等现象。12—16岁，是向往期。想知道为什么。对异性充满好奇，会出现冲动和性焦虑等现象。

少女为避免他人的注目，常不惜以牺牲自我形象为代价，驼起背，畏缩着身体，穿上臃肿而又有些奇形怪状的衣服来掩饰自己的身躯，使自己的身高和胸部尽可能不为人所注意。对月经的来临，有些少女可能会感到肮脏和痛苦。

少男对自己身体变化的感觉不像少女那么强烈，但经常担心自己身体的发育会和同伴不一样。

（4）大脑有了质的发展。与生理发展，特别是与神经系统发育的成熟相适应，中学生逐渐达到智力发展的高峰。

脑变重，出生时脑重约390克，12岁左右为1 400克，与成人的平均脑重一样。脑的容积7岁时为成人的90%，10岁时为成人的95%，12岁时接近成人的脑容积。13—14岁青少年的脑电波接近成人水平。

神经系统发育趋于成熟，大脑内部神经细胞体积增大、神经纤维及神经元之间的联结增多，神经细胞内部结构和机能复杂化，大脑皮层基本发育成熟。大脑神经活动机能的主要特点是兴趣性较高，兴奋过程比抑制过程要强些，相互转换较快。总的来说，中学生大脑皮层兴奋与抑制过程不够稳定，因而对运动系统的协调作用有所下降，会出现动作上暂时的笨拙，渐渐地，随着兴奋和抑制趋于平衡，上述现象消失。

高级神经活动从第一信号系统占优势很快转到第二信号系统占主导地位，为抽象逻辑思维的发展、系统地学习科学理论及世界观形成奠定物质基础。

2. 认知发展

初中生思维广度和深度都比小学生有了明显提高。思维的对象大为扩展。在时间上可以超越个人的现实生活，考虑自己的理想和未来——当然往往是浪漫而不切实际的。在空间上可以超越个人的生活范围，关心社会、国家和世界上的任何事情。思维内容不仅是事物的表面，而且能够考虑到原因和结果，并且愿意提出解决问题的办法——当然往往是简单和极端的。同时，思维开始具有比较强烈的批判性色彩，他们不再满足于从教师那里接受现成的结论，会对任何人的思想和行为提出疑问，并且希望通过自己的思考得出答案。

皮亚杰认为，初中生已能在认识上把事物的形式和内容做出区分，使思维超出感知的详细事物，进行抽象的逻辑思维和命题运算，进入形式运算期。

认知发展主要表现在思维水平的提高，特别是思维具有抽象逻辑性（带有经验型）。

（1）抽象逻辑思维日益占主导地位，具体表现为认知结构体系基本形成。认知活动的自觉性明显增强。认知与情意、个性得到协调发展。观察的目的明确、时间持久、精确性提高、概括性更强。记忆中有意记忆占主导地位，理解记忆成为主要的识记方法，抽象记忆占优势。

（2）学会了运用假设。已完全可以在头脑中把事物的形式和内容分开，可以离开具体的事物，根据假设来进行逻辑推演，能运用形式运算来解决诸如组合、包含、比例、排除、概率等逻辑课题。还可以通过元认知对思维进行监控。

（3）能运用逻辑法则进行逻辑推理。如运用矛盾律、排中律和同一律进行逻辑推理，但归纳推理的水平高于演绎推理的能力，在推理的运用中，最先掌握的是排除推理。对三种逻辑法则运用的正确率，13岁儿童为68.2%，15岁儿童为72.78%。

（4）思维品质存在矛盾。思维的创造性和批判性，思维的片面性和表面性，思维中的自我中心再度出现。

（5）形式逻辑思维发展和辩证逻辑思维发展水平，都有明显的性别差异。

（6）相对思维占主导地位，绝对思维逐渐减少。

（7）语言、数学及空间技能有新的提高。

（8）男女学生思维发展总体上平衡但有差异，各有其发展特色。如事物比较能力，男性高于女性。电子计算能力，女性高于男性。图形分析能力，女性高于男性。女性偏于形象思维或思维的艺术型，男性则偏于抽象思维或思维的抽象型。推理能力发展方面，男生优于女生。逻辑法则的运用能力，女生优于男生。

发展具有阶段性和关键期。乳婴期，男女思维几乎没有什么差异。学龄前，男女思维差异不明显，女孩的思维发展略优于男孩，但不显著。从小学到初中一年级，男女性别差异逐步明显。初中二年级以后，出现明显的具有性别特色的思维优异发展的差异。

3. 人格发展

初中阶段是理想、动机和兴趣形成与发展的重要阶段，又是一个过渡时期，具有半成熟、半幼稚的特点。具体如下。

（1）人格发展表现比小学和高中更为复杂多样。有时是以矛盾甚至相反的形式显示出来。如自我意识非常强烈，但往往不准确。要求独立，却在事实上仍然保持着很大的依赖性。重视与同龄人的关系，然而对于友谊的理解表面化，以致容易屈服于消极的同龄人的压力。希望家长和教师将自己当作大人，可每每不能或不愿承担大人的责任。热衷于独立思考，但由于缺少足够的经验和能力常常走向片面和极端。幻想未来，却容易陷入不切实际的空想。渴望与异性交往，表面上却显得冷若冰霜。

人格发展在表面上具有鲜明的个体差异。在时间上，早与晚的差别相当大。在行为上则可能由于气质性格或在同龄人团体中地位的不同而采用完全不同的方式。如普遍渴望广泛的人际交往，得到同龄人的接纳和友谊，但有的直接在行为上表达出这样的需求，有的怕遭到拒绝而不敢表达，还有的因不善于表达显得不愿意与人交往。

（2）情感丰富多变。情感从内容到层次上都经历了一个丰富的过程。与小学和高中阶段相比，情绪活动具有两极性，表现强烈而且转化迅速。情绪反应来得快，平息得也快，维持的时间相对较短，带有明显的不稳定性、冲动性，以致自己往往难以驾驭自己。会因为小小的成功欣喜若狂，也会因微不足道的挫折而心灰意冷，并且在很短的时间内经历情感上的大起大落。

情绪活动还比较外露，到了高年级以后，情绪会随着他们内心秘密的增加而变得复杂起来，文饰内隐的情绪活动增多，情绪活动的闭锁性部分替代外露性。

自我体验能力也有所发展，主要体现在心理上的成人感、闭锁性和自尊心上。感到自己已经长大成人，渴望参与成人角色，要求得到尊重。如心理秘密增多，闭锁成分也增多，言谈比小学少，在重要场合不轻易讲话，常常保持沉默。体验容易走极端，当社会评价与个人的自尊需要相一致、自尊需要得到肯定和满足时，往往会沾沾自喜甚至忘乎所以。反之，就妄自菲薄，情绪一落千丈，甚至出现不负责任的自暴自弃。

生理变化对心理活动的冲击，会出现反抗与依赖、闭锁与开放、勇敢与怯懦、高傲与自卑、否定童年又眷恋童年的现象。情绪表现矛盾：狂暴和温和共存，可变和固执共存，内向和表现共存。易出现心理生物性紊乱，严重的会有自杀倾向和行为，还会出现青春期精神分裂症。

（3）自我意识强化。自我概念变得更精确，并反映他人的知觉。表现为逐渐自觉、强化，并开始从比较单纯接受他人评价转向能够自觉地进行自我评价。开始更加关注自己的内心，开始以有别于小学的方式来界定自己。认识到自己的想法、感觉与实际的行为之间存在着许多差异。能够考虑事情发生的各种可能性，很容易对自己产生不满。特别关心自己的形象：从容貌服饰到气质风度，特别关心他人对自己的看法，尤其重视同龄人对自己的评价和看法，开始将同龄人的评价和成年人的评价同等对待，然后慢慢表现出更重视同龄人的意见而忽视成年人的意见。

自我中心有新的发展。第一个飞跃期在1—3岁。幼儿期的自我中心，是指儿童还不能将自我与外界很好地区分开来，总是站在自己的角度而不是站在他人的角度去认识和适应外部世界。初中生是自我意识发展的第二个飞跃期。进入青春期后，由于生理上的各种急剧变化使少年们将心思从客观世界转入到主观世界，从而导致第二次自我意识的高涨。其表现是，内心世界越发丰富，开始想“我到底是个什么样的人”、“我的特征是什么”等问题，这种过于关心自我的倾向会在日记和其他作品中有所反映。

（4）自尊开始分化。对自我价值的判定集中到人际关系方面。在同父母、老师、男同学和女同学的关系中，开始意识到有些不同的自我价值。如认为自己特别有智慧又颇为老师赏识的初中生会有很高的自尊，虽然他的同学觉得他有点儿迂腐。而另一些学生感到和老师、父母相处不融洽，也可能会有同样的高自尊，因为他在同伴中人缘极佳。意识到自尊还在于对自我评价的选取。

青春期面临的紧张和压力通常会使大多数青少年怀疑自己和自己的能力，从而削弱其自尊。初中生个体自我表现的欲望空前迫切，愿意在他人面前展示自己的才华、能力，吐露内心的想法、情感，并且强烈期望得到理解和认同。从根本上说，这一时期的自我意识仍旧是不稳定和不成熟的，绝大多数人在青春前期都会有一些痛苦的体验。

被人尊重的愿望比任何时候都更为强烈，遭受误解、经历失败时所体验的挫折感也格外沉重，因此会在极端的自卑和自信之间摇摆不定。

（5）独立倾向在发展。伴随自我意识的增强，学生明确而深刻地体验到自己作为独立个体的存在，以及由成长发展所产生的前所未有的力量。逐渐挣脱成人评价的影响，而产生独立评价的倾向，开始主动地尝试不按家长或教师的要求来认识和处理事物，越来越强烈地要求有思想和行动的自主权，希望并且相信自己能够早日成熟独立。反对父母对他们的干涉和控制，如家长擅自决定，还像对小学生那样刻板地安排他们的作息时间，反感之情会自然而生，甚至抗拒成人的决定。喜欢自己进行分析和判断，常与父母不一致。父母榜样作用削弱，但最后，又希望与父母和平共处。开始品评教师，会钦佩知识渊博、授课水平高、热情和蔼、关心学生成长、有朝气的教师。

开始自觉不自觉地希望得到与成人之间对等的理解和尊重，而不仅是温情、保护和命令。不仅需要成人的尊重和理解，还需要在自由安闲、无拘无束的气氛中同教师、家长平等地交流情感，倾诉自己的心声，真正获得属于自己支配的空间和氛围。

(6) 性成熟及性意识的萌动。开始关心性，对生殖方面的知识发生了兴趣。注意到两性关系以及恋爱和婚姻问题，对文学作品、医学书籍以及影视中的有关性和爱情的描写也产生了兴趣。开始关心自己的容貌装扮，同时他们产生了接触异性、与异性交往的强烈愿望。

青春心理开始萌动，一些从来没有过的新的体验与感受开始产生神秘的骚动，使他们感到好奇、渴望，有时又疑惑和害怕，即所谓的青春困惑。心理不够成熟，又不能准确掌握自己的行为，有时会产生朦胧的初恋。有的学生开始约会。

(7) 初中生在人际关系上的新变化如下。

改变了集体性的交友方式。小学生在交友方式上表现出了集体性，常常是若干个小朋友一起游戏。进入青春期后，少年们最要好的朋友一般是1—2人，选择朋友的标准为：有共同的兴趣、苦闷和烦恼，性格相近，能在许多方面相互理解和信任。

同龄朋友关系占主导地位。童年时虽已有了同龄朋友，但在感情上依然十分依赖父母。进入初中后，少年的感情重心逐渐偏向亲密的朋友，朋友在他们的生活中具有非常重要的作用。

与异性朋友关系的变化。在幼儿期和小学，儿童间的交往是不分性别的，经常是男女儿童在一起游戏。进入青春期后，双方都开始有了明显的性别意识，都对对方产生了兴趣，但最初表现出来的却是对异性同学的轻视和排斥，到青春期后期，男女少年的关系又开始融洽。

与父母关系的变化。第一，情感上的脱离。由于少年们在情感上更依赖于同龄朋友，与父母间的感情不如以前那样亲密了。第二，在行为上反对父母对他们的干涉和控制。第三，在任何事情上都强调自己的主张和意见，不愿意接受父母的观念和规范。第四，父母的榜样作用削弱。随着少年们认识能力的提高及其他成人形象进入他们的生活，他们会发现父母身上的若干缺点。

与教师关系的变化。初中生不盲目接受任何一名教师，会更努力地学习所喜爱教师所授的课程。

同伴关系重要。同学之间的人际交往逐渐比师生关系更为重要，同龄人之间的伙伴关系在生活中占据特殊重要的地位，如绝大多数学生乐意和同龄人交谈而不愿意同父母谈心，在同龄人中，平等相待，想法接近，观点容易一致，没有心理上的压抑感。

同伴关系有极大的影响力。他们在思想、行为、兴趣甚至穿着打扮上都热切地要求与自己的同伴相同，而不是向长辈讨教。为了维护符合同龄人之间往往不成文的标准，开始表现出不容许成人对其同学关系过分干涉的倾向，甚至不惜与家长、教师发生冲突。

倾情于人际交往。学生愿意进行广泛的人际交往，渴望与他人沟通思想感情，渴望得到他人的接受和尊重，渴望在人际交往方面得到成功，热切地希望自己具有较强的人际交往的能力。与父母的情感不如小学时亲密。

（三）高中生的思维力与个性化

高中阶段正处于青春发育末期，道德品质、世界观、人生观基本形成并逐渐社会化。主要具有以下几个特征。一是生理和心理都基本成熟。二是满 18 岁后可取得公民的资格。三是开始考虑如何选择未来的学业和生活道路。

高中生身心发展趋于成熟，接触面更广，社会交往更频繁，学习内容比初中生更复杂、更深刻，升学和就业的压力促使他们的社会化进程加速。这种情况对高中生的认知发展提出了更高的要求，并内化为自身的需要，成为认知发展的动力。

1. 生理发展

（1）身体的迅速变化与成熟。

一是身高、体重、胸围的发育。虽先后出现增长速度减慢，年增长值减少的趋势，但仍是生长发育的重要时期。身高每年平均增高为

6.38—7 厘米。体重每年平均增加 9—10 斤。内脏机能的变化完成。肺、呼吸系统完善。脑发育、脑的容积、脑电波达到成人水平。身体强健，眼睛明亮，头发具有光泽。

二是男、女生由于肌肉、脂肪的增长水平不同而体现出不同的体态特征。

三是性生理成熟带来了第二性征的出现，即除生殖器官以外的不同性别的特殊征象，男孩子长成了宽肩体壮的男子汉，女孩子则发育成丰满娇美、亭亭玉立的大姑娘。

随着性腺机能的发展完善，骨骼、肌肉系统生长基本完成，身高、体重和体态与成人一样。

（2）体内器官的成熟与机能的发育。到了高中阶段末期，男、女生的心脏机能加强，肺活量增大，脑的发育和神经细胞的分化均已达到成人的水平。身体素质、运动能力迅速发展，达到了人生的最高水平。此时，他们活泼好动，精力旺盛，但也容易冲动、闯祸甚至出事故。

（3）神经系统发育成熟，逐渐达到智力发展的高峰。

（4）性生理成熟。性生理的成熟给孩子造成巨大震荡。由于男女机体差异的客观存在，性意识产生并随着年龄的增长而发展，且性意识产生带来的神秘、好奇、向往等，使得异性间的吸引、接触、交往就成为必然。有的学生对异性表现出狂热、暧昧，出现冲动和性焦虑。

高中一、二年级谈恋爱的学生比较多。17 岁以后，性心理基本稳定，对性冲动和性焦虑能够自我理解和控制，通过学习性生理知识，能够将生理的性与社会的性结合起来，使性心理和性伦理共同发展。

2. 认知发展

逻辑思维的成熟是这个年龄阶段在认知能力上的最显著的特点。思维已经得到明显的发展。抽象概括水平明显地从经验水平向理论水平转化，抽象思维占了优势，辩证思维和创造思维有了很大的发展。思维具有很强的批判性，喜欢怀疑和争论，喜欢探索事物的根本原因，不愿采取轻信盲从的态度。能对自己的思维进行反省和自我调控，思维的自我监控能力、思维的准确性和效率显著提高，但仍经常出现片面性的错误。具体如下。

（1）智力水平接近成人高峰状态。注意具有一定的稳定性，能较长时间地注意与自己兴趣有关的事物，并能分配注意。

观察具有一定的目的性、系统性、全面性，但欠精确。

初步完成从具体思维为主向抽象思维为主的过渡，开始理智地思考问题，但时常需直观的、感性经验的支持。

思维活跃，经常提出问题，能独立地判断是非善恶，不轻信别人的结论，希望独立地解决问题，但往往会以点代面，比较偏激。

（2）情绪体验较初中阶段强烈，情绪内容广泛，具有一定的连续性，形成各种心境。憧憬未来，常对活动充满热情，易振奋、易波动，也会感情用事，有时会出现盲目的狂热和急躁，以及不计后果的冲动。遇到挫折会有种种消极情绪。

由于思维的独立性和自我意识的进一步发展，其感情具有文饰性，内心世界活跃，而且情感的外部表现常与内心体验不一致。

（3）认知的自控程度明显增强。由于理论思维趋于成熟和自我意识的发展，高中生的观察力、有意识记能力、有意想象能力迅速发展，思维的目的性、方向性更明确，认知系统的自我评价和自我控制能力明显增强，能掌握自己的行为。在处事的信心度、果断性、自制性方面有发展，调节力较初中有所提高。

认知结构的体系基本形成。认知结构的各种要素迅速发展，思维能力基本上完成了向理论思维的转化，抽象逻辑思维占了优势地位，辩证思维和创造思维有了很大的发展。认知系统各种因素基本上趋向稳定状态，智力的品质和个体差异基本定型。认知系统的结构功能更加完善。

认知结构和能力与情感、个性等心理因素形成协同发展的新局面，心理发展的整体水平得以提高。

（4）兴趣范围进一步扩大，并具有一定的稳定性。性格特征趋向稳定、成熟，外显与内向类型明显。性格的可塑性仍较大，旧的不良性格特征可能被改造，新的不良性格特征还会产生。

（5）高中生思维能力的发展变化渐趋成熟。思维由形象思维发展到以抽象思维为主，记忆从机械记忆发展到意义记忆。由直觉情感心理向理性情感心理发展。感觉、知觉灵敏，记忆力、思维能力不断增强，逻辑抽象思维能力逐步占据主导地位。经验型的逻辑思维逐渐被理论型的思维所取代。已不满足于对已知的经验、材料的了解和记忆，而力求将这些经验和材料从理论上加以证明，并发现其规律性，以指导自己的学习，拓展自己的知识视野。

抽象逻辑思维的发展，使高中学生能够独立地、批判地对自己、对一切进行许多新的思考，原有看法会发生很大的改变，希望把自己的思考和看法表达出来，特别喜欢将对同学、教师、家长、书本的认识和看法表达出来，喜欢争论和怀疑，敢于发表自己的意见，即使是片面的意见。

能运用理论假设进行思维，思维具有更强的预见性。能撇开具体事物，运用抽象概念进行逻辑思维，抽象逻辑思维的科学性、理论性更强，思维步骤更完整。他们能按照提出问题、明确问题、提出假设、制订解决问题的方案，并实施方案、检验假设的完整过程去解决探究性体悟的课题。高中生抽象思维发展有力地促进了辩证思维发展，形成了抽象逻辑思维和辩证思维协调发展、相互促进的新局面。高中生基本上能理解特殊与一般、归纳与演绎、理论与实践等辩证关系，能用全面的、发展的、联系的观点去分析和解决问题。思维的敏捷性、灵活性、深刻性、独创性和批判性明显增强，元认知水平提高，能对自己的思维进行自我反省、自我调控。

开始思考人生和世界，提出许多有关“人生目的”、“人生意义”、“生活理想”等问题，因问题的解决充满矛盾，常感到苦恼、迷茫、沮丧与不安。

（6）学生的词汇已很丰富，且内容日渐深刻。口语表达中的独白、语言趋于完善。书面语言表达基本成熟。内部语言已达到完全简约化的水平。

（7）创造性充分发展，这个时期是一生中最有活力和创造性的时期。神经系统发育成熟，智力发展达到高峰，如记忆能力最佳，比较、判断能力很强，动作及反应速度最快，最少保守思想，最勇于探索和实践，能想象更理想的个人前程、科技发明及家庭、宗教、政治道德，并想探究实践它们的可能性。

3. 人格发展

高中生情感丰富，兴趣更加广泛和稳定，学习兴趣更强烈，理想、世界观开始形成，行为的自觉性更高，使认知发展上升到新的高度。

（1）道德认识表现出较高水平。高中生所掌握的道德行为准则日趋增多，其道德知识结构也日益复杂。同时，他们对道德知识的掌握也有了新的特点，从形式上看，更加概括、抽象；从内容上看，更加深刻。高中生对道德知识的理解逐渐达到理解行为规范与道德准则的实质水平。

柯尔伯格认为，高中生不仅仅自觉遵守某些行为公则，还认识到法律的人为性及社会公则的灵活性。有时，道德概念的理解与道德判断的发展不同步。但总的来说，高中生伦理性的道德感体验占据优势，由道德形象所引起的情绪体验也不断受到自我意识的控制，直觉的情绪体验日渐减少。

伦理道德的基本成熟，会使学生比较自觉地运用一定的道德观念、原则、信念来调节自己的行为，随之而来的就是价值观和人生观的初步形成，道德心理中自我意识的明显化。道德行为习惯逐步巩固。道德结构的组织形式完善。

这样，高中生就逐渐进入了以自律为形式、遵守道德准则、运用理性思考来调节行为的品德成熟阶段。标志是能较自觉地运用一定的道德观念、原则、信念来调节行为。人生观、价值观初步形成，并使其具备进取和开拓精神。

（2）行为表现出特有的不稳定性。思维敏锐，但片面性较大，容易偏激。热情，但容易冲动，有极大的波动性。往往把坚定与执拗、勇敢与蛮干、冒险混同起来，在行为举止上表现出明显的冲动性。此阶段是意外伤亡率最高的年龄阶段。在对社会、他人与自我之间的关系上，常易出现困惑、苦闷和焦虑，对教师表现出较普遍的逆反心理和行为。另外，生理上的剧烈变化，会带来所谓的青春期骚动，出现强烈的情绪反应和剧烈的性困扰，心理疾病的发病率逐年增高。高中生作为一个正在成长发展中的社会群体，面临各种复杂的社会道德情境，在一定的道德意识支配下，必然表现出种种道德行为习惯。林崇德的研究表明，有80%的高中生形成了道德习惯。行为习惯具有一定的可变性，如他们在学校的行为表现往往比在家里和社会上的表现要好，道德习惯仍具有可塑性。

动机层次提高，对社会各方面的关心程度增强，有一定的评价能力并逐渐转化为决定自己行为的动机，体现了各自的价值取向。但对权利的需求多于对自身的义务、责任和实际行动的需求。

（3）情绪发展渐趋平稳。高中生情绪爆发的频率降低，情绪的控制能力提高，情绪体验的时间延长、稳定度提高。

高中生能根据一定的条件或目的表达自己的情绪，形成外部表情与内心体验的不一致，尽管自控能力提高了，但情绪表现的两极性还比较明显。

男女之间产生爱慕之情，而且绝大多数十分纯洁。但多数学生能够把感情珍藏在心底，将主要精力用在学业上。与初中阶段相比，这种情感要深刻和稳定得多，一旦遭遇挫折和打击，他们往往会产生较大的痛苦。

学会了运用情绪表达规则。能更好地认识到情绪的产生有复杂的心理原因。他们对别人特别是同伴的情绪特别敏感，对情绪的理解也较为准确，对直接引起情绪的事情反应强烈。学会了如何表达自己的情绪，碰到情绪困扰时，能够运用有效的手段，如听音乐或与知心朋友谈心等来调节自己的情绪。

(4) 自我意识趋向成熟。他们不像初中生那样仅从表面和外在现象上讨论人，开始能够从思想水平、道德修养、智慧程度等多角度比较全面地评价自己和别人。

意识到时间的宝贵，开始关心、思索自己的前途，也开始思索死亡这个概念。这就是死亡在中学生尤其是高中生的思索和日记中占有重要地位的重要原因。去掉了长生不老的幼稚幻想，接受了死亡不可避免的事实。

自我意识中独立意向有了新的发展，自我意识的触角更常常、深刻地指向自己的内心世界，更多地关注自己的个性品质。对内心的问题特别敏感，喜欢记日记，希望了解自己、分析自己、关心自己。日记多是观察者的“我”对被观察者的“我”的描述，主要倾吐自己的种种内心体验和秘密。

自尊心越来越强，最怕别人看低自己，最希望得到社会的承认和鼓励。会以各种方式在各个领域表现自己，处处争强好胜。这种获得承认和赞赏的需求，如果不能以合乎社会角色规范的方式得到满足，就可能用不符合社会角色规范的方式去寻求满足，如寻衅滋事、玩世不恭、搞恶作剧等。他们在日常生活中的很多矛盾和攻击行为，往往都是由于其自尊心受到威胁或伤害而引起的。

要求别人了解、理解和尊重自己。自我评价比初中充实、客观，有自我发展、自我实现的要求，但也会出现自我与社会的冲突。有的学生自尊心过强，自我中心突出，一遇挫折就会转化为自卑。

强烈地关心自己的个性成长。十分关心自己在个性方面的优缺点，对别人或自己进行评价时，也特别重视个性方面。希望自己一切都要超过别人，这种自我显示的欲望往往是与自己的能力有距离的。另外，一些高中生总是考虑别人会怎样看待自己，并陷入神经质的状态，很容易因各种各样的事产生自卑感，甚至一些在成人眼里算不了什么的问题，也会导致他们产生自卑感。对自己的优缺点也十分敏感，有时会过高地估计自己，有一种优越感，有时又为自己的缺点和不足担心。在情绪、情感方面常常表现不稳定，容易从一个极端走向另一个极端。

自我意识成分的分化。在心理上把自我分成了“理想的自我”和“现实的自我”两部分。

高中生会想象有“观众”在看着自己，花很多时间装扮自己，关注自己的衣着、外貌。常常喜欢照镜子，或用过多的时间去注意衣着。对于买什么衣服、穿什么衣服，开始有了自己的喜好和主张，对于外界的批评十分敏感。往往认为自己与众不同，认为一些事情只在别人身上发生，不会在自己身上发生。这种认知的歪曲，往往会使他们做出过激的行为。

自我评价的成熟。能独立评价自己的内心品质、动机、行为和表现，其自我评价在一定程度上达到了主客观的辩证统一。

（5）具有强烈的自主需求，属于心理上的“断乳期”。随着独立思考和处理事物能力的发展，高中生在心理和行为上表现出强烈的自主性，热衷于显示自己的力量和才能。不论是在个人生活的安排上，还是在对人生与社会的看法上，开始有了自己的见解与主张。他们已不满足于父母、教师的讲解，或书本上的现成结论，对成年人的意见不轻信、不盲从，要求有事实的证明和逻辑的说服力。对许多事物敢于发表个人意见，并为坚持自己的观点而争论不休。如果说生理上的断乳是个体被动地离开父母，那么心理上的断乳则是个体主动地离开父母。

保留着自己的私密空间。高中生不像儿童时期那样经常向成人敞开自己的心扉，他们的内心世界变得更加丰富多彩，但又不轻易表露出来，心理的发展呈现出闭锁性的特点。他们非常希望有单独的房间休息，有个人的抽屉，并喜欢把抽屉锁起来，好像有秘密不愿让人知道。他们不大爱对长辈讲话了，在长辈面前显得寡言。高中生爱写日记，也是这种闭锁性的表现。记日记既可倾吐心声，又可保守秘密。心理发展的闭锁性使高中生容易感到孤独，因此又产生了希望被人理解的强烈愿望。他们热衷于寻求理解自己的人，找志同道合的知心朋友，并对知心朋友坦率地说出内心的秘密。

在行为上，他们要求独立决定涉及个人的各种问题。在情感上，他们希望能独立体验和选择个人喜好。在道德评价上，他们则希望能以自己的评价标准为依据，独立评价自己及他人的行为和社会事件。

与父母的关系。进入高中后，虽然他们仍反对父母干涉，但与父母间的直接冲突已大大减少，他们更希望能与父母站在平等的位置上讨论和决定某些问题，希望能与父母和睦相处。

自主选择职业和学业。对职业的选择出现较为理性的思考，由幻想期进入预备期，能结合自己的兴趣、能力、社会价值取向以及切身利益的需求，选择具体职业和层次，并对毕业前夕的学习动机、态度、行为和学习水平产生影响。

独立生活能力和社会适应能力较初中增强，但由于社会经验和认识的局限，辨别力不如成人，出现求知欲强与识别力有限之间的矛盾。

(6) 意志品质日趋坚强，富于进取性。由于生理上的迅速发育成熟，以及心理上的迅速发展，高中生精力充沛，血气方刚，反应敏捷，上进心强，不安于现状，富于进取，颇具“初生牛犊不怕虎”的劲头。

但理想常常使高中生超出现实，想象现实中并不存在的各种可能性，往往看不惯现实生活中的种种弊端，又因理想和现实有差距，往往成为爱吹毛求疵的人。

确立自己的价值观。随着年龄的增长和身心的日益成熟，尤其是认知能力的发展，学生开始对周围世界有了新的认识，开始意识到以前的价值观存在一些逻辑矛盾，也认识到父母的价值观念有局限性，并进行自我批评，以重新建立自己的价值观。一是对理论问题越来越感兴趣，喜欢把各种具体的事实综合成若干系统的总原则，热衷于哲学探讨。二是更多地思考人生意义。三是增加了更多的个性色彩。但仍缺乏稳定性，有时会受外界因素的影响而改变自己的价值取向。

(7) 人际交往重友谊。强烈的情谊需要，使高中生好交往、重友情，在与同学的交往中，重视情谊，对情谊意义的理解更深刻、更长久而牢固。对自己的困惑更多地希望朋友和同伴给予解答，不再依赖成年人。

对人际交往方面的要求更高。择友的标准是：有共同的志趣和追求，有共同的苦闷和烦恼。性格相近，能相互理解。对于朋友的相容、谅解能力都比初中时更强，不仅满足于加入群体和获得群体的承认，而且十分关心自己在其中的地位和表现。但因思想和人格的不成熟，他们仍旧容易出现情谊至上的行为，如只讲义气，有的甚至为维护情谊而丧失原则。随着不同群体的影响，个性会出现不同的发展方向。

对异性关注上升。在公开场合转向文饰、内隐，但又有显示欲，希望引起异性好感。少数学生出现对异性过分追求，进而发展到恋爱。如处理不好，会影响学习和个性发展。

(8) 性意识浓郁。男女学生都很关心自己的体形和外貌。非常注意自己外表的修饰装扮，尤以女生为甚。高中生处于性意识发展的第二阶段，与异性接近的愿望逐渐明朗化，并且以情感吸引和实际接触需求的形式表现出来。他们喜欢在异性面前表现自己，以引起对方的注意，希望得到异性对自己的肯定。女生会刻意装扮自己，总觉得男生时时注意自己，因而言谈举止显得紧张、羞涩，男生会有意在女生面前显示自己的风度和才能。

逐渐形成“自我同一性”特征。过去只看到自己，现在也看别人，追溯自己的过去，也在考虑未来，注意别人是怎么看待、评价自己或拿别人对比自己，希望社会认同、接纳自己，以别人为榜样，按照自己的理想推动自己的发展。大部分学生能够顺利地建立起信赖、自主、创新和勤奋的品质，通过整合过程，建立起自己的精神世界，形成“同一性”的品质，成功地进入“青春期”。

(9) 具有更大的社会性。虽然心理内容的社会性早在儿童时期就已出现了，但是更大规模的深刻的社会化，则是在青年期完成的。小学生进入中学后，就好像在人生的旅途中，豁然开朗地步入了一个新的境界。如果说小学生心理的发展主要是接受家庭和学校的影响，那么中学生尤其是高中生心理的发展，就越来越多地受到社会大环境的影响。高中生对社会现实生活中的很多现象都很感兴趣，喜欢探听新鲜事，很想像大人一样对周围的问题做出褒贬的评论，对社会活动的参与日益活跃。如模拟角色活动“假如我是校长”、“假如我是班主任”，对自治，自理，自立，自行结社，创办协会、刊物等的要求，充分表明他们思考问题已远远超出学校的范围，做集体、国家主人翁的思想开始萌发并日益强烈。尤其对未来生活道路的选择，成为他们意识中的重要问题。他们在考虑未来的志愿及抉择时，比小学生和初中生更具现实性和严肃性。而这种对未来生活道路的选择，对高中生心理发展的社会性具有极其重要的影响。

第三章　走好教育人生的第一步

——新手教师的职业规划与发展

从师范生转变为教师，就是从一个受教育者变为教育者的过程，这个角色的转变是一个质的变化。因此，走好教育人生的第一步，非常重要。可以说，四年的师范生生涯都在为这个第一步做准备。在这个变化中，环境非常重要，特别是老教师的引领、学校的风气、领导同事的工作作风，对年轻人的工作态度、敬业精神与未来目标等影响很大。

下面从教师身心发展的角度谈一谈新手教师在职业发展中必经的基础性历练。

一、新手教师身心发展的基本历程与教育开发

（一）从教1—2年

这一阶段属于调整磨合期，教师主要关注的是备课与上课。刚刚从学校毕业走上工作岗位的新手教师，有初为人师的愉悦感，幻想自己走上工作岗位后，能潇洒地走进课堂，有很多的理想和冲动，有让人羡慕的激情，对教学充满期待与追求，浑身散发出无穷的活力，并且对各项教学技巧感兴趣。能基本适应班主任工作的要求；初步了解课程标准内容；基本熟悉教学过程的基本环节，基本掌握辅助教学的现代教育技术；能独立指导小组活动；能主动接受高水平教师的指导，但缺乏对教师岗位和职业的更深层次的了解和认同。因此，在工作中常会因为缺乏经验，或不善于与人交流沟通产生一些困难，更主要的是对教育对象和教学过程缺乏完整的了解，需要其他教师的扶持和善意的指导。

值得注意的是，一些新手教师工作的学校往往是教学水平中等甚至偏下的学校，待遇一般都比较低，与大学的生活条件和学习条件肯定有很大差别，特别是在图书资源方面。如果学校没有条件提供住宿，问题就更多。所以，新手教师会有一段很彷徨的时期，不少教师有可能因为

待遇低、条件差而产生不当教师的念头。但如果能客观看到自己跳槽后不一定比做教师更好，则会静下心来思考和说服自己，安心继续教书。一段时间后，新手教师在得到学校、同事的关心，与学生逐步建立良好的互动关系之后，就会逐渐完成教师角色的正式定位。随着工作的推移，个人对教师职业的认识会不断变化，跳槽的念头也可能会渐渐消失。

可以说，很多教师都没有做好当教师的心理准备就走上了讲台，很多教师对教师职业的认识还很模糊就进入了校园。面对不理想的待遇、现实的人际关系而导致的新手教师专业思想不稳固是很普遍的。

由于新手教师对学校组织结构和制度文化了解甚少，对职业角色要求和规范所知有限，且对跟实际工作密切相关的专业知识、经验和技能掌握不多，因而碰到的困难大多与如何适应并完成常规的教学工作和管理工作有关。一方面，新手教师对课程体系不完全了解，对学科内容的把握容易顾此失彼，也不太懂得怎么教学、怎么评价学生，及如何与家长沟通并取得家长的支持配合等；另一方面，他们又面临着被管理层、同事、家长和学生评价的压力，面临着同事之间各种形式的竞争，面临着身份转换之后所产生的心理上的不适应和职业的陌生感，面临着理想的职业目标与平淡的生存现实之间的反差和失落，面临着高投入与低回报所导致的身心疲劳、焦虑和无助。

这段时间，新手教师开始分化，一部分教师始终充满职业的热情，认为既然选择教书，那么就要做最好的教师，坚信无论环境多恶劣，只要自己努力，坚持到底，就一定会有成效。他们努力地打拼，处处以新的面貌出现，热烈地响应学校的各种号召，夜以继日地完成学校布置的任务，甚至创造性地探索着、实践着，一心一意地希望在教育人生中写下光彩的第一页；还有的新手教师不能直面不理想的待遇及现实的人际关系，思想往往会犹豫反复，有时会没有工作的热情与动力，并很快产生职业倦怠，从而采取混日子的态度；这既是对学生的伤害，也是对自己专业发展的放弃。

但绝大多数教师会渐渐融入教师群体，勤勤恳恳，无怨无悔，不求最好，但会尽力而为，至少不愿意受到批评。

工作中，新手教师可能出现的问题如下。

因同事的年龄差距很大，为人处世的度不易把握；一些事情不知怎样处理，又不主动问人，得不到帮助，开始希望每个年龄段的人都喜欢自己，后来发现是不可能的。于是，新手教师会逐渐地寻找到与自己志趣相投的群体，并融入其中，共同学习，共同发展。

在教学中会发现，师范学校学习的大部分知识都不能直接用于教育教学，有的因为理念落后，内容陈旧，根本没有用；教育教学理论多是抽象的，没有跟上普通教育改革的步伐。如对新课标多是理论到理论的空洞解读；对理解中小学各科教材意图、设计等也缺乏起码的把握，更谈不上精当的分析。可以说，十分重要的课堂教学设计也甚少有实用有效的内容。如何当好班主任和如何处理突发事件几乎是空白的。

没有教学经验，不知怎样有效地把自己的知识传授给学生，有时还会走弯路。与身边有经验的教师一比，新手教师心理上难免犯怵，焦虑、恐怖等消极体验就自然产生了。他们在这一阶段最希望得到帮助，目标是跟上基本队伍的教育步伐。

一部分新手教师，因为处处用心，在这期间也会找到适合自己的学习方向与工作重心，如开始自费订阅自己学科的专业刊物，如饥似渴地学习、模仿和借鉴别人，以人之长，补己之短。这部分教师的教育人生，一开始就进入了专业成长的快车道。

这时是教师的理论与实践相结合的初级阶段，新手教师要尽快适应学校的教育教学工作的要求，要积极应对角色的转换，积极认同学校的制度和文化，要加快专业技能的发展。尽管学校为培养新手教师采取了相应的措施，如师徒结对、以老带新、校本教研与校本培训等，但在实际操作过程中，对新手教师多是要求高、指导少，抓结果、轻过程。特别是对新手教师的入职心理辅导不够，职业生涯规划设计方向模糊，教学行为指导不到位，大多数新手教师只能通过自己的实际摸索学习。

（二）从教 3—5 年

通过一到两个循环的教学磨炼，教师对教材知识的体系有了比较全面的了解，同时对教学的全过程有了一个清晰的认识，教师比较适应教学岗位的要求，由此进入一个顺利的发展时期。此时，教师能胜任班主任的工作要求，比较全面了解课程标准内容，比较熟悉教学过程的基本环节，独立开展教学工作；熟练掌握信息技术，能独立指导学科活动，有一定效果。自己能利用业余时间比较自觉地学习专业知识和提高业务水平。经过前期的磨炼与适应，逐步适应学校的生活节奏，已熟悉教学程序，教学的压力也得到舒缓，身心发展进入了一个比较稳定的状态。

这时，对环境的依赖逐渐变为对课堂教学的专注，他们钻研教学业务的兴趣逐渐稳定，开始胜任教学工作，能根据实际情况探索自己的教学风格，考虑或已经参加高一层次的学历进修，表现出对教师职业较为投入，情绪较为稳定，开始形成正确的教育思想、良好的心理素质，对学生逐步产生了感情，开始关心学生的身心发展，更在乎学生对自己的评价。他们初步显露是否具有成为骨干教师的基本素质。

在此期间，多数教师会继续拜优秀教师为师，经常听课，不断提高自己的教学水平，有的会积极争取自己上研究课。同时，根据大家的意见，深入思考，完善自己的研究课，并开始向各种订阅的刊物投稿，开始参加各种论文比赛和研讨会，有的会成功地发表文章，获得奖励，尝到做教师的乐趣，体味到教育人生的意义。小部分教师成长为骨干教师，其中，个别具有开拓精神的教师，善于把握参加各种研讨会的机遇，积极思考，大胆发言，敢于将自己的成果与大家分享，并与学者专家建立起初步的联系。

可以说，新手教师已经完成了大学的知识与中学教学之间的跨越，专业技能开始发展，最有效的方式就是通过阅读专业期刊、参加教研活动，拜师结对，进行模仿、学习、改良与创新。

存在的主要问题是：从学校到学校的过程中，缺乏对教师岗位和职业的更深层次的了解和认同，对教育对象和教学过程缺乏完整的了解，又缺乏丰富的经验，且学生的思想越来越复杂、一些学校的生源素质越来越低下，加上有的教师又不善于与人交流，困难自然也不少；有的甚至对自己的职业选择出现怀疑。面对复杂的教育教学有时无所适从，产生了一种因理想与现实的差距带来的失落感。这时，对获得实用的教学技能就有了非常强烈的愿望，目标是提高自己的教育教学水平，最好能够赶上或超过一般人。

二、事业的忠诚与基本功的练就

没有对人民教育事业的忠诚，就不可能抵御市场经济条件下的各种诱惑；没有扎实而全面的教育教学及研究的基本功，就不可能成为优秀的人民教师。

（一）培育自己对人民教育事业的忠诚

1. 了解国家对基础教育的规划

《中国教育改革和发展纲要》指出："当今世界政治风云变幻，国际竞争日趋激烈，科学技术发展迅速。世界范围的经济竞争、综合国力的竞争，实质上是科学技术的竞争和民族素质的竞争。从这个意义上说，谁掌握了面向21世纪的教育，谁就能在21世纪的国际竞争中处于战略主动地位。""中小学要由'应试教育'转向全面提高国民素质的轨道，面向全体学生，全面提高学生思想道德、文化科学、劳动技能和身体心理素质，促进学生生动活泼地发展。"这就是21世纪教育改革与发展的行动纲领。《中国21世纪议程》进一步指出："可持续发展以人为本"的终极目标是教会学生学会生存、学会学习、学会创造、学会关心、学会负责、学会合作，成为可持续发展的人。《中国社会发展报告》指出："以人为核心的社会发展"，发展过程"首先应为发挥今天还有明天生活在地球上的人的一切潜力创造条件，人既是发展的第一主角，又是发展的终极目标"。《国务院关于基础教育改革与发展的决定》指明，人的发展是教育的永恒主题，我国要在21世纪的挑战中取得胜利，在21世纪的国际竞争中处于战略的主动地位，必须把培养可持续发展的人作为基础教育的根本任务。学科教育是“最重要的文化载体”，它反映了整个人类社会的人文与科学的成就，能有效地促使受教育者的基本能力得到发展。要尽快成为称职的教师，就要关注国内外先进教育、教学经验的发展，特别是认知心理学理论与如何顺应师生身心发展教育理论，形成先进的教育理念。在理念和方法之间，理念是更具有普适性的东西。在教育领域，永远不存在两个一模一样的教育情境。而在不同的教育情境中，真正能实现有效迁移的，不是具体的方法，而是潜藏在方法后面的，通过方法而体现出来的理念。这些理论，有助于自己更深入地理解学生学习和思维的过程及其规律，有利于自己的全面发展与快速成长。

2. 在发展中认识的自我师性

当教师后，自己已从“我为人生”向“我为人师”转变，由读好书向教好书转变，由只管考虑自己向考虑学生转变。需要回忆自己当学生时对教师教学的体会以及在教学工作中的一些经验教训；需要学会向学生提问题，由学习知识变为运用知识。要以学生的心理需求和接受能力为依据教好书和育好人，引导学生学习知识和形成能力的同时，掌握好学习方法，培养好学习习惯。需要尽早进行人生规划和设计，学会在事业中拾级而上，学会在工作中进行有序竞争和合作，学会和同事、学生一起共同进步，学会在实践中不断修正各种理论假设与错误，通过教学相长、教研相长，尽快使自己由一名教学新手，逐渐成长为一名教学熟手、教学能手、教学高手。为此，教师要思考以下问题。

（1）在多元智能中，您最突出的智能是什么？

（2）您最感兴趣的是什么？想要什么样的教育环境？达到什么样的教学目标？

（3）您如何顺应学生的身心发展，创造出师生最满意的教学成绩？

（4）您的远大目标是什么？近期目标又是什么？

（5）您是否制订了周详而开放的具体计划，并随时评估自己目标的达成度？

（6）您是否充满教育教学热忱，并且能感染您的学生？

(7) 您是否能容纳学生的异见，甚至是学生对您公开的批评与反对？

(8) 您是否乐于请教他人，吸收老教师的智慧和经验？

(9) 您是否手不释卷，一天没读书心里就觉得空荡荡的，对教育和学识永不满足？

(10) 您是否有很强的创新意识和丰富的想象力，您的思考是否具有创造性与可操作性？

(11) 您的短处是什么？是否脾气比较急躁，普通话的读音不够准确？

(12) 您能否不断地改善谈吐、仪态，并与人亲近？

(13) 您是否不太注意人际关系，在发表您的意见后是否认真注意他人的反应？是否冲击到已有人际关系的和谐？

(14) 您能否熟练而有效地与他人沟通、协调，集合众人力量，达到众志成城？

(15) 您是否以积极肯定的心态，面对所有的人事与世态？

(16) 您能否意志坚定，绝不向困难、挫折低头，对自己的远大目标绝不放弃？

(17) 您能否专心致志、心无旁骛，一有时间，就全身心读书、写作，绝不三心二意？

(18) 您能否乐于付出自己的心力，而不斤斤计较报酬？

(19) 您能否排除私心、偏见，在客观事实面前保持冷静？

(20) 您是否热爱教学，把研究教学当作最大乐趣，经常达到废寝忘食的地步？

(21) 您是否充分利用时间，珍惜时间？

(22) 您是否留意饮食营养、保养身体、锻炼身体？有没有不良的嗜好？

(23) 您是否经常进行阶段总结和年终总结？有没有以下内容：目标是否达成、是否全力以赴、计划是否需要完善；有没有最满意的课或论文，若没有满意的，原因是什么；不好的东西改变了多少，如是否以宽容之心对待他人过失，有无与人发生争执，有无多贪、寡情、失节、利己之处，日常的态度是否得到他人尊敬，有没有浪费时间；领导是否对自己现在的工作态度、能力感到满意，若不满意，原因是什么。

经过自我分析，教师可以进一步认识自己的教育教学能力，及时改进不足并形成新的教育发展方案，从而实现自励自善。

3. 认清自己的岗位职责

自己在一个怎样的岗位，有什么样的岗位职责，自己应该如何履行职责，这是每一名新手教师都必须面对的首要问题。作为一名新手教师，要客观地认识自己的现状，了解自己的要求与职业要求的距离，以积极的态度认可自己的岗位，争做自己认可、领导认可、同事认可、学生认可的教师；重视学习教材，摸索教法，追求好的教学效果。当出现教学效果达不到自己预想的情况时，不要埋怨学生，要勇于承认自己经验不足，并虚心向其他教师请教，及时调整自己的教育教学方式。同时，以现实的岗位为立足点与发展点，以准教师的标准严格要求自己。近年来，老教师对刚毕业的师范生的评价多是：普通话、外语、计算机比较强，知识面较广，思想开放，愿意接受或尝试新事物，有些方面的适应能力比老教师强。但许多校长反映的是，现在师范大学培养的毕业生总体来看只是“半成品”，能够马上适应教学工作的不多，需花很多时间用于职后培训，目前外流教师是工作 3—5 年，已经适应了教学工作岗位，有可能成为学校骨干的新手教师。究其主要原因之一，是其敬业精神不够。有些新手教师不能安心教育工作，组织管理班级、团队的能力欠缺；独立编制课件的能力不强；教育理论素养与教育科研能力较差；心理承受能力不强。因此，要改变这种状况，要以准教师的标准严格要求自己，做到以下方面。

（1）能积极地接纳自我——真正了解，正确评价，乐于接受并喜欢自己。承认人是有个体差异的，允许自己不如别人。

（2）有良好的教育认知水平——能面对现实并积极地去适应环境与

教育工作要求。如具有敏锐的观察力及客观了解学生的能力；具有获取信息，适宜地传递信息和有效运用信息的能力；具有创造性地进行教育教学活动的能力。

（3）热爱教师职业，积极地关爱学生——能从爱的教育中获得自我安慰与自我实现，从有成效的教育教学中获得成就感。

（4）具有稳定而积极的教育心境。乐观，积极，有良好的心态和行为。

（5）能自我控制各种情绪与情感。有坚强的意志品质，处理问题果断，在突发事件中能沉着冷静。

（6）和谐的教育人际关系。有健全的人格，在交往中能与他人和谐相处。

（7）能适应和改造教育环境。

（8）能用恰当的声调和动作表情吸引学生的注意；语言表达能力强，讲课语言条理清楚，简练、通俗、生动，有启发性和感染力。

（9）能启发学生思考，能用各种不同的教学技巧，鼓励学生共同参与和发问，能沉着地应付课堂上的偶发事件。

（10）教学设计科学。智慧地运用学生的资源，将学生的身心发展需求转化为学生的求知欲望。

（11）具有现代教育信息技术与课程的整合能力，能恰当运用资源与媒体的和谐统一。

（12）会听课与评课。这有利于总结和推广优秀的教学经验和方法，有利于促进自己的专业化发展，有利于促进良好教研风气的形成和教改的深入。

（13）能反思。对工作与行为进行归纳与提炼，否定中吸收，还可以“从反面去思考和反复思考”。通过思考、探索，寻求最佳途径和方法。苏格拉底说过，没有经过反省的人生是不值得过的。美国心理学家波斯纳提出教师成长的公式：成长＝经验＋反思。反思的本质是一种理解与实践之间的对话，是这两者之间的相互沟通的桥梁，又是理想自我与现实自我的心灵上的沟通。反思应成为教师的生活常态。

（14）对教学做出评价。评价的内容包括对学生课前预习、课堂掌握情况、日常学习过程中遇到问题的自我检查，也包括日常对学生学习行为的评价以及试题筛选与命题能力，还包括教学目标、过程、内容、教学策略、考试反馈等操作过程。

（15）向名师学习，感悟成功的轨迹。参加“拜师结对”活动，将教育理论与教育实践紧密结合起来，缩短适应教学的工作周期，提高教育教学技能。

（16）参加教学论坛、沙龙活动。论坛是对共同关心的教学问题进行探讨，由部分教师主要发言，提出对问题的看法与感想，供其他教师进行讨论的一种形式。多采用讨论式、辩论式、个案分析方式、专题发言、调研汇报、经验总结、专题报告等形式；每次论坛的形式、内容，多依教师的需求、环境氛围等要求而定。通过教师论坛，各种教育思想、教学实践探索的感悟、经验在这里汇集、交锋、交流、切磋、共鸣、共振。每位参与者都会有新的收获。

（17）富有创新意识，开展课题研究。从自己的教育实践和周围发生的教育现象中发现问题，不断改进自己的教学并形成理性的认识；探索新的教育问题、思想、方法，以及运用已有的经验和知识，创造性地形成解决新问题的方案。主要步骤如下。一是发现问题。在教学工作中，教师要通过观察和思考，发现实际存在的问题。发现问题是科学研究的起点，教师要从所发现的问题中，选定研究的主题，了解问题的本质和范围，诊断问题存在的原因，为采取适当的行动奠定基础。二是查阅文献。在确定所要研究的问题之后，应全面查阅有关文献，以便从他人的研究中获得方法和理论的启示。三是拟订研究计划，克服行动过程中的随意性和盲目性。四是建立假说。对某种行动可能产生某种结果进行预测。五是进行实验。在实验过程中，不断地收集各种资料和数据；边行动边研究，在行动中不断地反思和修正完善。

（18）设计自己的典型课例。第一，为了让自己更好地把课程标准理念与教材内容结合，并体现为自己的教学经典，最好反反复复地设计一个个典型课例。课例包括主要内容，本节课的目标是什么，怎么分解，可以在几个教学环节中达成，每个环节学生怎么活动，活动目的及程序是什么，教师如何组织、参与，学生活动中可能会出现什么问题，应对的预案是什么，每个环节之间如何衔接等，上完课后写教学反思。第二，怎样使这堂课出现思维的交锋，出现的目的是什么，在何时出现，如何出现。第三，从理论上阐述该课例怎样符合学生的认知规律，符合学生能力形成和发展的规律。第四，思考课例如何与学生的年龄特点和心理特征结合，与学生的生活、思想和学习状况结合，还有什么新问题需要解决。第五，他山之石，可以攻玉，多听名师名家的讲座，以得到思想的启迪；争取到不同的学校上课，在不同的教学中感受不同的效果，进一步完善自己的课例。第六，带课例参加教学基本功比赛，最好与名师、特级教师同台竞技，在同等的班级、用同样的教学内容教学，然后听专家点评，要特别注意自己在教材的把握、重难点分析、授课环节等方面与名师、特级教师的差距。重点关注怎样调控课堂，在沟通中如何调动起学生的学习激情，从而形成亲和力，与学生打成一片。这样，自己的典型课例就产生了。

（二）苦练过硬的教学基本功

1. 发现自己的教育兴趣与教育特长

每个人与生俱来就有别于他人，有属于自己独特的个性。这些独特的个性很大程度地影响工作的质量和业绩。

一定要做自己喜欢的事，否则很难有大的成就。迈克尔·杰克逊就是因为从小喜欢跳舞，最后以此为职业，并乐在其中。每次跳完之后，他都会反思：如何可以跳得更好，如何可以做出别人做不出的动作？

成功的教师并非没有短处，只是他善于设计人生，把握自我成长机会，把长处发挥得淋漓尽致。

不要把教师职业当作无可奈何的选择，不要认为教学工作是无奈的苦熬；要把学生的成长当成自己最大的快乐，在付出和给予中获得内心的满足；同时，把终身教育作为教师生涯的动力，因为教师职业不仅仅是给予，同时也在收获。

需要产生动机，动机激发活力。每学年结束工作之际，学校往往尊重教师的教学意向，调查下学期自愿参与哪个年级的教学。教师可根据自己的特长和才干选择适合自己的工作，为专业发展寻找到最佳的切入口。既要以平和健康的心态正视现实，又要具有通过自身的努力去改变这种现实的勇气和毅力；既要清醒地认识自身生理和心理的特质，又要具有开发自身潜能的意识和智慧；既要看到自己在学校中的地位和作用，又要具有在更高层次上发挥自己作用的志向和能力。同时，可以用适当的方式多渠道、多方位地展示自己的优势，做自己喜欢的事，让自己尝到成功的感觉，绽放自己的笑容，树立起认真从教，踏踏实实地过好生命中的每一天的信心和动力。

每个人都有成长、发展的欲望。美国心理学家弗鲁姆曾提出了一种期望激励理论，这个理论的公式是：MF＝E·V。MF 是激励的程度，指调动一个人的积极性，激发人内部潜力的程度；E 是期待、欣赏，指一个人对于特定的活动可能导致一个特定成果的信念；V 是效价，指个体对通过自己的努力所得到奖酬的重视程度。这个公式表明，一个人对他所追求的目标的价值看得越重，能实现这个目标的概率也越大，那么他的动机越强烈，激励水平也就越高，内部潜力也被充分地调动起来。

在“赏识”中寻找实践的机会。各行各业中，出类拔萃者属凤毛麟角，许多人成才都是靠 1%的灵感＋99%的勤奋，教师的成才也是如此。教师中素质平平的可谓多数，教学实践是自己持续进步的基础。只有当教师的教育与研究交融在一起，教学与反思有机结合，研究成果转化为行为时，教育行为才有更丰富的内涵。要激发起自己奋进的内驱力，积极向上的无限追求。利用各种激励机制不断地学习、实践、反思、再学习、再实践，周而复始，螺旋上升。

现在，各级教育部门为教师搭建了各种平台，包括教学、管理、科研、技能、基本功竞赛等，教师要用好这些平台，在公平公正的竞争机制中，挑战自我，脱颖而出。

可把有兴趣的事情列在纸上，思考是否有可能把这些兴趣变成自己教育的一个重要研究课题。可以包括以下几个方面。

(1) 写出自己最喜欢做的事情，尽可能把各种感觉列出来。依重要性排定顺序。

(2) 将最不喜欢的那些感觉也列出来，依照不喜欢的程度排定顺序。

(3) 思考怎样的排列对自己发展最有利，对长远发展有利还是短时发展有利。

(4) 为了达成及实现人生的目标及理想，要设法避免那些负面的情绪和行为，使自己保持良好的心态及表现。

(5) 目标设立为个人在工作或职位上所努力追求的理想，职业目标可以是桃李满天下，也可以是教育创造者。

①短程目标应具体、明确、可行。例如，学习计算机，课题探索，专项考试等。

②中程目标时间在 5—10 年，所欲达成的目标较能达成。如职称评定或调动。

③远程目标时间通常为 10 年以上，是必须经过长时间努力或激烈竞争后，才能达成的目标。可以设定某一年龄达到此一目标。如成为教学专家，对某一课程发展、教材编拟、制作有独到的成就，或是对于某一科目的教学方法改良有其心得，再加以钻研，形成专著。选择规划时，以容易做到的为考量。而且规则应如菜单般有多重性的选择，并能由自己掌控，最好是不论发生任何事情，都能经过自己的选择来享受每一个过程。

(6) 每天早晚将写下的东西念两遍，再闭上双眼，利用 10 分钟，想象自己已实现目标，并开始享受成果。成果尽量具体化，例如想写论文，把目标贴在眼睛右上方看得到的地方，每天早晚利用 5—10 分钟的时间，想象已发表论文并获好评，这会增强自己的内驱力。

（7）实践过程中，得到别人帮助，应微笑表达自己的感激之情，并用最真实的情感述说。

（8）遇到困难要学会放松。提醒自己生命是用来享受的，战胜困难或遭遇失败，都可以享受奋斗过程，提升自己的教育能力。这样，可以促使自己持续发展，能有目的地开展教学，提高效率；也可以开发未知的潜能，尝试寻求自我的成长，融合兴趣与能力，在适当的时机与年龄阶段获得更大的成就并对社会做出较大贡献，同时，也是对自己的生命负责。

2. 练就扎实的教学基本功

目前，中小学教师职前培养中的雷同化倾向、重学术化轻师范性的倾向造成了新手教师的学非所用，用非所学。这也是很多人在反思小学教师本科化时对中师培养模式赞美有加的一个原因。新课程主张教师为学生服务，要提高服务质量，必须练就一身过硬的教学基本功，最起码要做到以下几点。一要说得准确，条理清楚，不颠三倒四，不逻辑混乱。既不能含含糊糊、模棱两可，也不能说来道去不得要领、没有主旨、越说越糊涂。二要言简意赅，让学生在头脑中形成清晰、正确的深刻印象，话并不在多，浅显易懂为佳。三要说得生动，富有感染力，语言要可亲可信，巧说为妙，切忌枯燥呆板，更不得故弄玄虚。四要说普通话，语言要规范，要合乎语法和逻辑。此外要注意语言表达技巧，即用声的训练、停顿的技巧、重音的表达、语调的运用、节奏的处理，注重无声语言态势语及幽默语言。

再如课堂教学技能。包括导入、提问、强化、反馈、板书、结束、应变等技能。导入与情境创设技能是指教师在每节课开始或进行新课课题教学时，运用各种方法创设引人入胜、先声夺人的教学情境，建立与新知识的联系，以引起学生注意，激发学习的动机，从而把学生引到自主性学习的轨道上去，使被动学习转为主动、探究、合作式学习的一种教学行为。

恰如其分的提问，能活跃课堂气氛，激发学生学习兴趣，了解学生掌握知识情况，而且可以开启学生心灵，诱发学生思考，开发学生智能，调节学生思维节奏，与学生进行情感的双向交流。通过提问，可以引导学生进行回忆、对比、分析、综合和概括，达到培养学生综合素质的目的。

应变是对学生行为失当、教学环境失常、学生问答出乎意料、教师教育行为失当进行及时有效的处置。

掌握现代教育信息技术与课程的整合能力。应注意资源恰当选择与媒体的合理应用。

要多听课评课。及时地同被听者进行交流，虚心学习他人课中的闪光点，正确对待他人课中出现的问题，在分析总结他人课时要注意比较、研究，取长补短。同时对课堂教学成败得失及其原因，从教育理论的高度对课堂上的教育行为做出正确的解释。

还可以遵循目的性、基础性、层次性、趣味性、典型性、启发性，设计练习，以少、精、活取胜。把学科知识与生活联系起来，用所学知识解释生活现象，解决实际问题。在知识与能力目标的制订和实施过程中，要充分体现本学科的知识体系、思想方法、内容深度和广度；充分体现教材的导向、大纲的要求、实际的需要。教学过程能够体现本课知识的形成和发展过程；符合学生的认知规律；教学方法的实施要根据本节课的内容、学生的实际及课堂周围的环境和条件因地制宜。教学不仅是本节课基本知识内容的理解和掌握，更是与此内容相关的学习方法的指导、本学科思想方法的渗透、解决与其内容相关的实际问题能力的培养。

3. 将教育建立在科学基础上

依据人生发展心理学的知识，进行低耗高效的教育。人体内有一种生物钟支配着人的精神和身体的节律。美国科学家研究发现：伴随人的体温升高，大脑的记忆、思维呈现最佳状态，一天中共有 4—5 个小时；在生理最佳状态后，人的体温降低，生理上出现低潮阶段，即极乏阶段。

记忆最佳的第一阶段是清晨 6—7 时。大脑在睡眠中完成了对前一天所输入信息的整理编码工作，加上刚睡醒没有识记材料的干扰（前摄抑制现象），故识记能力处于一天中的高潮期。对于那些记忆零散的事实、概念、原理等有困难的学生就可以充分利用这段时间，在理解的基础上，联系生活和实验事实，对这些难记忆片断进行加工和组织记忆。有时即使记不住，大声念上几遍，记熟的可能性也要强于其他时候。

第二阶段是上午 10 时左右。这段时间体内肾上腺激素分泌旺盛，精力充沛，大脑具有严谨而周密的思考能力。师生都应该关注这个“黄金时刻”。教师此时要有组织、有计划、有目的地引导学生进行阅读训练，多角度、多侧面、多层次思考问题，对结论进行推理验证，由此及彼，衍生出更多的知识点，提高课堂教学效率。学生应好好把握这个用脑最佳时刻，向课堂要效率。

第三阶段是晚上 6—8 时。很多学生都是利用晚上时间来回顾、复习当天学习的内容，这段记忆高潮对学生尤为重要。在记忆的“黄金时段”，结合简洁、凝练的记忆方法可以达到事半功倍的效果，有效提高学习效率。

第四阶段是睡前 1 小时。在这段时间记忆后入睡，因不再有新的信息输入，因此不存在倒摄抑制的影响。大多数人在非常劳累时才可能存在倒头即睡的现象，一般来说，大脑从兴奋过渡到平静需要一个缓冲期，这个缓冲期也是记忆的高潮期。利用这段时间把白天上课的情境像放映电影一样回放一遍，偶尔将自己更合理的想法赋予其中，既达到记忆的目的又丰富了教材内容，一举两得。

一般人在上午体况较好，较适于工作和学习。下午 4—6 时，一天的疲劳无论在心理上，还是在肉体上都已达到顶峰。此时，工作和学习效率下降，只宜安排一些活动课程，让学生放松。据统计，车辆、工厂的事故也容易在此时发生，因此要反对无限延长学生的学习时间，反对拖堂，同时我们还应加强对学生生物钟的研究，在作息时间与课程安排上，力求科学合理。对于生物钟异常的学生，则应在调整和适应上做文章，不要轻易地指责学生懒惰和不守纪律。如有百灵鸟型的人，一到清晨就神清气爽，精力充沛，思维活跃。“灵感”随之而来，此时大脑的优势中心最容易形成。这一类型的中学生应特别谨记“一日之计在于晨”，抓紧时间争分夺秒地学习，利用高潮期解题，省时又省力。还有猫头鹰型的人，一到晚上，脑神经细胞就进入中度兴奋状态。“奇思常伴夜色来”通常是对这类人而言的。猫头鹰型的学生自主分配的时间就要受限制了，学校晚上几乎没有安排课，上午一般又安排主课。若晚上学习得太晚，白天就无精打采。对于这类学生，教师应及时发现，帮助其调节生物钟。

三、赢得学生的信任与喜欢

（一）寻找到自己信任与喜欢的人生导师

在实践中模仿，向名师或老教师学习，这都是成为合格教师的捷径，可以少走弯路，缩短成熟期。这可以是精神方面的，也可以是实践方面的，还可以是技巧方面的。自己的导师不是别人选出来的，更不能够靠上级任命。当某位教师的才识与人格的光辉照亮自己心灵的时候，导师就诞生了。如果某位教师影响了自己的教育人生，这人就是自己教育人生的导师。

刚走上岗位时最好找到一位身边的老教师，标准是基本功非常扎实；希望随时得到他的具体指导，因为在师范院校职业技能的教育学科课程少之又少，基本上还是教育学、心理学、教材教法“老三门”课程。虽然部分师范院校也开设了相关的职业技能训练课，如书法课、普通话课等，但课时少，且重视程度不够，身边有位导师，自己就可以随时学习，弥补了自己在师范大学所学的不足。

我上学时有幸遇到了一位优秀的老师王培生，他让我明白如何讲故事。他的讲述，深入浅出、形象生动，听他讲故事就是一种享受，不仅仅是感官上的，更是精神世界的享受。从他身上，我收获的不仅仅是知识，更多的是心智的不断启发，人格魅力的不断提升，精神世界的不断升华。更重要的是，他使我认识到必须用好自己的大脑，让自己成为一个博闻强识的人，同时，要博览群书，并运用自己的思想去再审视一切，在批判继承中形成自己的东西。

有了一定基础以后，可以以自己喜欢的一位教育家为研究对象，可以是陶行知，也可以是苏霍姆林斯基、丁有宽、魏书生，还可以是朱熹或陈白沙等任何一位教育者。研究他们的教育理念与教育实践，提炼出自己可以向他们学习的教育理论与实用方法，并运用于自己的教育教学实践中。

当然，不同时期也可以有不同的学习对象，以我为例，我崇拜过魏书生、刘清涌、丁有宽、王阳明。现在最崇拜的是一位普通而从容地走得很高、很远的乡村教师朱九江，这位被埋没的教育家，许多人对他一无所知。他是广东南海九江乡人，世称“九江先生”，立书院讲学达二十余年，一生博学，治学严谨，主张“读书务大义，励志圣贤，由体达学”，广东学海堂其曾聘他为学长，他没有答应。但广东学海堂仍虚位以待，并为他刻印著作。生平著述丰富，对文史很有研究。著有《国朝名臣言行录》《国朝逸民传》等，诗集《是汝师斋遗诗》一卷。

他在精神上摆脱了科举考试的捆绑，座右铭是：“处子耿介，守身如玉，谷暗兰薰，芳菲自远。”他以先儒修身践道的理念激励自己，刻苦读书，谨慎做人。他不把时间都放在“四书”经义之类应考的内容上，而是尽可能广泛阅读以前不易见到的文献，如当朝的典章制度、名儒循吏的传记等。因执着教育，成就教育，培育出了名震世界与中华民族的绝代英才康有为、洪秀全、梁士怡和梁耀枢，自然也就成就了自己千古的教育人生。他读经注意融会贯通。在当时普遍讲“一经一史、文章一家、经济一门”的情况下，他反对专攻一经、专学一门的狭隘，讲求学问的本源，知识的融会贯通。他平易笃实，既反对清中叶汉学考据的烦琐和门户之见，也反对宋明心学的空疏玄谈，以一种平易笃实的方式向学生阐明儒学的本来面目。一切读原著、找原点、宗思于孔子。明确读书的目的在于修德致用，注意修养身心，而不该只专注于八股、八韵和八法应试，但又精于应试，培养了梁耀枢这位广东历史上的最后一位状元。他敏锐地察觉当时主流学说的种种弊病，终生以培养干才、大才、通才为教育理想，被学生康有为喻为“疲惫的旅人终于找到落脚的地方，盲人睁开眼睛看到了光明”，自己“乃洗心绝欲，一意归依”。在他的指点下，康有为对几千年中国学术文化史的脉络初步融释；在他独立思考的精神影响下，康有为学会了以自己的眼光重新审视各家学说，这位志大才高、经世济民的弟子在中国学术思想界引发了飓风和地震，他与自己的学生梁启超共同翻开了中华民族近代史的新篇章。

如果及早寻找到这样一位精神上的导师，也许自己可以拒绝一切诱惑，几十年静静地独守着自己的心灵空间，耕耘自己的教育田地，以普适性的春风化雨和个性化的精耕细作，化生命为一种深邃高远的思索，发现更多的教育规律，创造教育人生的奇迹，揭示教育的真谛与永恒。同时，相信自己可以像朱九江一样，以自己的生命之美成就每一个学生生命的独特。

（二）真诚地喜爱自己的学生

我国古代教育强调师道尊严，教师在学生心中是有绝对权威的。现在，随着民主化进程与信息技术的发展，教师应该用自己的知识、人格与智慧赢得学生的信任与喜欢。要博得学生的好感，“善”是很多教师成功的秘诀。当我们把真诚的爱倾注给学生的时候，你的善意会给学生以好感，从而在情感上产生顺从心理；当你充分展示自己的博学多才时，会赢得学生的尊敬；当学生的合法利益受到侵犯时，你敢于依据法律法规有理有节地维护好学生的利益，更会赢得学生的尊敬，而且这种尊敬会产生强大的人格魅力。最基本的做法是，处理事情，先站在学生的角度思考后，再依据教师的职责提出处理意见。自己也是刚刚做完学生，将心比心，在学生可以接受的条件下，以平等的态度，适当地进行提醒与批评，也可以使学生佩服得五体投地。

建立新型的师生关系，作为教师，在正确的世界观和有效的学习方法上引导学生；作为朋友，则是在平等的基础上对待学生，不摆架子。

经常走到学生中间，倾听、点拨、讨论、总结，和学生一起去探讨如何理解掌握、吸收消化知识要点；鼓励学生动脑、动口、动手。尽可能跟学生一起踢足球、打乒乓球、跳绳、拔河，尽量把每个学生的特点记在心里，掌握他们的所思所想、所喜所恶，用不同方式同他们沟通。

四、成为名副其实的人民教师

前面谈到以准教师的标准严格要求自己，希望有一个理想的结果，因此，这里想谈要求的结果。具体如下。

（一）学会了多元学习

一是向自己学习。即在每一天的教育教学中反思自己，在教育过程中体验到成功与失败，能对一个学生的教育、一个教案的设计、一堂课的活动、一件突发事件的处理进行多角度的体验与思考，并将成果体现为前瞻性的目标与教育理想。

二是向师生学习。首先是向身边的教师学习，可以是年长的，也可以是年轻的。向他们学备课、学管理学生、学教研、学集体备课、听观摩课、听示范课，参加研讨课活动，取人之长，补己所短，改进教法，不断提高自身素质和教学水平。其次是向学生学习，“师不必贤于弟子”，开诚布公地向学生承认自己的某些方面有知识性的不足，特别是信息技术方面，许多学生都超过教师，教师如果不肯向学生虚心请教，就不会有所长进。何况，学生的思维往往比教师敏捷，认识理解的角度比较新颖，且能集思广益。自己用虚心好学的态度和行动感染学生，激发学生的求知欲望，在相互学习的气氛中培养学生的观察能力、思维能力、语言表达能力、适应环境的能力、与人合作的能力，这就是最好的教学相长。

三是向书报学习。阅读是很重要的一条学习途径。这种学习，不是为应付明天的课及回答学生的某一个问题，而是要激发自己内心的需要和对知识的渴求。读尽可能多的书，备课就不会是单调乏味地罗列问题与答案。多读学术著作，自己就会对教育教学中的现象进行理性的思考，获得更大收获。如读苏霍姆林斯基的《给教师的建议》，这本书谈的是一个个具体的问题，生动的实际事例与精辟的理论分析有机统一，是教育学、心理学与教育实际操作的融合。又如魏书生的《班主任工作漫谈》，也以大量生动感人的事例，全面介绍了自己独具一格的班主任工作经验和搞好班级管理的具体措施。

四是向网络学习。随着现代信息技术的发展，我们可以穿越时空，跨越国界，及时分享全世界的学术成果。这是过去没有的。基于网络的自主学习，学会在网上与人探索研究，利用电脑进行教育教学资源的开发与运用，这就是现代化的学习，就是终身学习。

（二）学会了具体问题具体研究

知道怎样让自己在课堂 45 分钟内最有效地发挥主导性，让自己的学生有最大的收获，收获不仅仅是知识上的接受，还要有对生活的热情、有主动学习的渴望、有探究问题的能力及提升自己人格的行为。

如课前，会考虑："这节课我要教给学生什么，最重要的是什么，最难教的是什么，学生最易接受的是什么，最难接受的是什么，如果发生突发事件，我有什么应变措施，我的教学设计是否合理、完善，还有没有更好的设计方案，其他教师又是怎样设计的呢，哪些值得自己借鉴?"还会考虑："我应该如何最大限度地调动学生的积极性、主动性，最大限度地激起学生求知的渴望，怎样在课堂上有效地渗透积极的情感态度和价值观，让学生有一个非常棒的精神享受?"

课堂上，开始展示自己的教学思考，实施自己的教学计划。首先展示的是以良好的精神面貌出现在学生面前。上课时，会仔细地观察学生，从他们的眼神、表情、声音和动作，来判断自己的讲课情况和学生的接受能力，思考与预期效果是否一致，如果不一致，就及时修正、调整教学设计。

如果课堂上气氛沉闷，自己就要讲讲故事、说说笑话，让学生们活跃起来；当学生情绪高涨时，应引导学生思考教学的问题；如果个别学生故意捣乱或犯了错误，应先暗示学生，在融洽、轻松、互动的气氛中，给他一个醒悟的机会。

课后，适时从学生反馈中反思课堂上遇到的问题，如常发事件怎样解决，偶发事件如何机智应变。在不断总结后，就进行问题研究。如把普遍的问题、个别的问题进行分类总结，并且把一些值得研究的问题上升为课题。这样思考与研究，是上一堂课的终结，又是下一堂课的起点。循环反复、螺旋式上升地贯穿在整个的教育过程中。自己自然会更加成熟，逐渐优秀起来。

（三）具有了良好的教育习惯

习惯成自然。没有好的教育习惯，就不能将自己的教育思想变为自然有效的教育行为，有了良好的习惯，教育就会事半功倍。

我觉得最好的习惯主要如下。一是认真勤奋地工作。二是良好地待人接物，具有亲和力。三是诚实守信守时。四是对学生真诚、平等、尊重。当学生做错事时，耐心开导，不挖苦、不训斥、不体罚或变相体罚，更不伤学生自尊。五是坚持写教学后记，及时捕捉教育灵感。上完课后就自觉进行自我评价，即对教与学的得失进行分析，及时捕捉思考和实践中涌现的教育灵感或思想火花，及时将其中有价值的心得记下来。六是积极参加岗位培训和业务进修，更新自身知识。岗位培训和定期进修是教师学习知识和提高自身水平的快捷通道，通过继续教育，提高了专业学科的知识水平和了解国内外最新教学教育观念与理论动态。

第四章　走出平庸　开启卓越

——教师成长中的分化与发展

20世纪末，许多国家都通过提升教师专业素质来提升教育质量。1998年，联合国教科文组织发布的《世界教育报告》的主题是“变化世界中的教师与教学”，我国也提出“振兴民族的希望在于教育，振兴教育的希望在于教师”。但据杭州市教科所2000年对杭州市教师的调查结果发现：13.4%的高中教师存在心理问题。各群体分类比较发现：40岁之前的教师，特别是未婚教师的心理健康状况较差，其中男教师、年轻教师和工作量较大的教师是心理问题的高发群体。可以说，关注社会转型时期教师的身心发展与专业素养提高，已经是我国教育的一个核心问题。

我对特级教师做过一个调研发现，从教六年左右，是特级教师与平庸教师的分水岭。这个时候，如果年轻教师有个引路人、有几个课题、有几次赛课、有几次高水平研讨的参与，潜心研读几本教育经典和教育家传记，就可能使自己走出平庸，开启卓越之路。

我仔细研究过许多名师成长发展的道路，结论也大致相同。

一、成长型教师身心发展的基本历程与教育开发

从教6—15年是教师身心发展的关键期。教师多在思考差异现象：一是自己与其他教师的智力、知识、人格与教育效果的差异；二是学生智力、知识与人格与学习成绩的差异；三是如何因材施教。

从发展心理学的角度看，经过前五年的适应，年轻教师对教师职业有了较正确的认识，并从心理上产生了认同教师职业的情感体验，已有比较丰富的生活阅历，经历过身边发生意想不到的事情后，许多天真的看法会有所改变，如对教学讲究实实在在的效果，反对花架子、不做无用功；选择爱人也不再浪漫，健康、诚实、有感情和经济条件好上升至

突出的地位，人好经济也好是这个时期的最高标准。

这时期，大多数教师能胜任本职工作；情绪稳定，性格开朗；人格健全，适应性强；善于自我调节，人际关系普遍良好。

通过多个循环的教学磨炼，教师全面了解了课程标准内容，熟悉了教育教学过程，对教材知识体系和学生能力培养有了更全面的了解，同时也找到了比较适应自己的教育教学岗位，有了独立开展教育教学工作研究的基本条件；有的还熟练地掌握了信息技术，积极开展教科研工作，也有具体的成果，教育教学已经进入一个顺利发展的快车道。

如果能够执着于自己的工作，这时的精力就可以用于攀登职业的新高峰，如果对自己的教育教学充满信心与希望，所完成的任务就会越来越多，收获也就越来越大，职位层次常常也会越来越高。

按照一般的标准，这阶段完成正常的教育教学已经没有什么困难，停留于此，也可以无愧地生活。但如果要向前走，就必须下更大的功夫，进行人生的第二次自我开发，即根据自己对教育教学的实践与思考，选择自己最感兴趣或最困惑的问题进行有针对性的学习、观摩与探索实践，最好将问题作为课题进行立项攻关，在课题实验中，自己会进入一个新的天地。

从社会化进程来看，此期教师的社会角色较多，成功者还有温暖和睦的小家庭，生活比较稳定。如果学校对其委以重任，能受到领导的器重和信任，又无工作的压力感，心理健康状况就会很好。

有的教师婚姻不顺利，恋爱中的各种困难和挫折可能造成对人生、社会以及教师职业的消极看法。因教师社会政治、经济地位不高，加上许多教师未成名，又在偏僻的学校工作，虽然对配偶的文化、性情等要求较高，但往往陷入“高不成低不就”的尴尬境地。

有的教师恋爱成家后，究竟是以家庭为主，还是以事业为重，许多教师，特别是女教师很容易在这个时期丧失目标，满足于现状，对事业丧失追求。

这个时期，教师的教育教学成果自然会成为个人发展的重要资源，教师会遇到各种困难与机遇，会呈现出迅速的发展与分化。如遇到教师招聘、领导公选，可以挑战自我，参与竞争；各种培训机构会组织赛课会、研讨会，一些出版机构会组织教材、教学辅导资料的编写，教育行政部门会组织科研课题的申请，只要审时度势，注意把握机会，发挥个人特长，开展前瞻性研究，一般都会取得一些成果。如获得优秀教师称号、发表论文或出版个人专著，成果往往是自己6—15年教育教学研究的梳理和总结，探索的多是一线教师实践层面有效的经验和操作方法。

教师的分化更加明显。一部分教师会成长为优秀教师，会自觉关注教育热点与难点问题，申请课题立项，坚持不懈地进行研究，不断的成功体验会产生持续的教研动力并获得各种荣誉；一部分教师成长为学校行政领导，开始承担管理者的责任；个别教师从一般学校调到了条件比较好的学校，甚至进入了名校；绝大多数教师有意磨炼自己的教学技能，积累成功的教学经验，成长为一个具有相当水平和能力的教书巧匠——经验型教师，而经验的丰富化和个性化，技能的全面化和熟练化，成为其明显的特征；也有小部分教师的专业水平和业务能力仍处于相对低位，个人缺乏一种安全感，而人们对他们的评价标准和要求随着其教龄的增长而提高，不再以一种宽容同情的眼光来对待他们，重点关注的不再是他们的工作态度而是工作方法和实际业绩。

教师的职业经验和能力得到充分的发展，多数成为学校的骨干教师，甚至是把关教师。教师会经常反思自己的教学历程，同时，积极尝试教学创新，不断追寻符合自己特色的教学风格，实现经验型教师向学者型教师转变。开始努力创建有特色、符合现代班集体特征的班级；能全面、深刻理解课程标准，系统把握学科内容，能结合本学科发展的需要不断更新、充实教学内容；熟练掌握信息技术与学科整合的策略，教学态度认真严谨，教学风格鲜明，教学成效明显，能注重学生创新精神和实践能力的培养；具有较强的创新意识和教研科研能力，掌握教学改革发展的最新动态；积极参与专业建设、学科建设、课程改革和实验室建设，取得显著成绩；能独立指导青年教师专业成长并有成效。

存在的主要问题如下。部分教师对教育教学工作有时觉得厌倦，缺少职业自豪感，甚至看不起自己的职业，并为此而经常感到心理不平衡。不愿意与学生打交道，在与学生的接触中缺乏积极体验；工作中自我效能感较差，自信心不足，不能形成坚定的教育信念；缺乏进取心和责任感，没有明确的发展目标，得过且过。

二、顺应教师身心发展的建功立业

（一）必须坚守与提升自己的教育信念

在师范生的教育中，我非常强调对教育信念的认知与追求，强调对教育工作的选择与热爱。工作五年之后，一些教师会进入职业倦怠期，根据我的实践与调研，这也是年轻教师“一山望过一山高”的时候，大部分“跳槽”的教师都是这个时候离开教师队伍的。离开的原因有多种，但核心是清贫与失望。清贫不用说，失望值得分析一下，那就是目中无人的教育方式、知识授受主义的教育倾向、功利主义的教育评价、控制主义的教育管理制度使教师生存在夹缝中，倍感艰难，看不到发展的机会。仔细研究后，发现自己从事的基础教育，信念模糊，说的与做的不是一回事。不少老教师都有信念危机。确实，信念模糊，这是最深重的教育危机！

因此，我认为应该在这个关键期重提坚守自己的教育信念，也从发展的角度提升自己的教育信念。

因为信念蕴含着自己的信誓，蕴含着自己的人生情怀。人只有追求理性，为信念去从事辛苦的、烦琐的教育工作，才可能感受到幸福与快乐。

当自己凭着信念全身心投入教育工作时，才能用爱心去塑造人，用真情去感化学生，用榜样激励自己。无论面对什么样的教育对象，自己都能让他在原来的基础上实现新的发展。

（二）完善自己的教育人生

前面我谈到要制订一个人生规划，经过五年的教育实践，我们会有师范大学毕业时没有的实践经验与自我体悟，前一个规划可能有的已实现，有的没有实现，需要我们好好总结。也许我们身边的大部分教师都没有这样一份新的规划，甚至大家都已经习惯于按学校的行政指令开展教育教学。教学多是别人怎样教我就怎样教，别人怎样过一天，我就怎样过一天，以至于没有人生的亮色，到头来，一辈子都没有成为一个优秀的教师。其实，要实现自己教育人生的发展，必须再制订一个总体规划，即是每天仍然做着琐碎繁杂的事务，但同时也在为自己的理想大厦添砖加瓦。这个新规划，一般以 3—5 年为好，最好明确重点，3—5 年内要逐步达到哪些目标。规划可包括自己的教育思想，立足点是自我发现、自我激励与自我完善，不以获得名利为目的，主要内容是顺应自己的身心发展，提升自己的专业素养，改善自己的教育环境，形成自己的教育风格，最好是教育实践与教育研究相结合。目标大到成为教育思想者，出版专著，获得省、市、县人民政府的教育成果奖，小到今年要读的书、要调研的问题、要写的文章，上一节公开课或研究课；了解与研究一个学生；拜一位教育专家或学者为师等，具体目标的设计宜细不宜粗，注重一点一滴的积累。这样，自己的教育人生又有了一个发展的指南、成长的方向。

（三）激活自己的教育潜能

制订规划后，最主要的是要将计划真正落实到行动中，并且还要在行动中继续形成新的规划与完善原来的计划。

教师这一特殊职业与其他职业的人格特征相比，具有更强的示范性。教师不是使用物质工具去作用劳动对象，而主要是以自己的思想、学识和言行，以自身道德的、人格的形象力量，通过示范的方式直接影响着劳动对象。

教师人格的感召力是引起学生积极塑造人格的需要和动力，它所包含的内在品质和精神力量一旦对学生的心灵产生震撼，其影响是极为深远的。优秀教师所具有的独立自主、意志坚定等个性品质往往会深深地感染学生，带动学生塑造良好的人格。如鲁迅留学日本时，藤野先生所拥有的严谨踏实、博大胸怀被他作为鞭策自己奋斗的力量源泉，这正是教师人格的独特魅力和深刻影响力。

因此，教师要激活潜能，提升个人的教育活力。教育活力与教师的个性特征密切相关。内向的一般善于思考、思维深刻、推导缜密，外向的多乐观豁达、热情奔放；抑郁质的细心谨慎、稳重踏实，多血质的则充满自信、勇于开拓。教师对自己的个性资源应充分开发，挖掘自身潜能，通过自己的教育教学提高自己的教育品格，过好师德关、进修关、业务关、科研关，达到合格级、成熟级、示范级、特色级。

必须了解教师教育人生的最终目的。以下的问题，世界教育大师都思考过，并且都取得了成果。因为它能有效地激起令人惊异的生命潜能，能通过思考成为教师个人理想中的人物。

一是我的生命意义是不断提升及创造卓越的教育教学新成果，实现教学相长；我马上做的具体事情是进行课题实验；我的价值观是成为学者比当领导更重要；将主要精力用在教育研究是最重要的事；我要用具体的教育教学成果如学生成绩、论文、专著、职称与学术影响来实现我的生命意义。

二是到目前为止自己发挥了多少潜能。今后主要是发展个人魅力；提升学养，与人为善，表里如一。

三是控制情绪。持续的发展，面对的人事往往也越来越多，教师若能保持最佳的心态从容处人处事，人际关系自然良好，环境就会更加怡人。

四是为潜能提供强健体能，心态会越来越好，教育效果自然更佳。如最近健康专家提倡改善居所环境，提出为促进血液循环，多做深呼吸。提倡多吃水果，适当改善饮食。同时要排除各种不利于发展的心理因素，如心中很想成功，又怕成功后被孤立，遭他人嫉妒等；或是认为成功必须花许多时间工作，失去休闲及陪伴家人的时间，甚至认为成功背后都是万骨枯，都有见不得光的地方；或给自己很大压力，容易如橡皮筋一样绷断；或不曾设定成功的目标。在没有成功之前，没有不断找出各种成功的工具，及其他更能发展自己的方式；或有策略及计划，但未曾施行；或在取得一点成绩时，就不再向上，停止追求；或遇到身体、家庭、单位、政策的不利变故，就怨天尤人、一蹶不振。

五是不断超越自我，按部就班发展，不管发生什么事，永远控制对事件的反应及处理的方式，并期待最好的结果，为最坏的状况做打算。如每年检查一次实施成果，则一年只有一次改正错误的机会，若每日检查一次，则有三百多次机会。

六是逐渐形成与学生身心发展相适应的教育策略。如总是用非常友善的态度说话，经常诚挚地表达对学生的喜爱和赞赏，并且总是采用鼓励与支持的方式，积极肯定学生的表现。这不仅可以给学生安全感，而且每个学生都可以感受到教师的欣赏，为学生的自我发展提供比较广阔的天地。总是认真倾听学生的讲话，用点头等行为表示对学生所讲的内容表现出明显的兴趣。这可以使学生感受到教师对自己的关注和重视，感受到自己的言行是有价值的，学生会勇于提出不同的见解，会大胆地实践自己的想法。经常与学生进行目光接触，辅以较为丰富的面部表情和手势动作，这样的教育可以创造轻松、愉快的教育气氛，学习就变得更加生动有趣，师生就可以在良好的心境下发展。

（四）提高自身的心理素质

我这里谈的教师心理素质，是教师在教育实践中与学生身心发展密切关联的心理健康、心理品质、心理能力，常常体现为职业理想、知识水平、教育观念、教育监控能力和教学行为与策略。

目前，制约教师心理素质发展的主要因素是：教师觉得个人教学效果较差，其中以年轻教师居多，反映为压力感较大，自信力不足。家长期望的“神圣”、“为人师表”，让教师感受到社会尊重的同时，也感受到相当大的精神压力。教师一般都比较重视学生的考试成绩，认为“学生考试成绩不好，压力就很大”的占81.8%，回答“无所谓”的为0。影响教师心境的还有健康问题与孩子的教育问题，教师缺乏应有的休闲活动，很难选择适当的方式来放松心情。

通过对优秀教师成长历程的分析可以发现，自我认知调节的良好与否，各种心理需要的满足与否，人际关系处理的妥当与否，经济状况的改善与否，社会大环境的宽松与否等，也会直接影响到教师心理素质的发展。

随着现代教育的发展，教师职业不再稳定，优胜劣汰、竞争上岗、转岗转聘等现代教育管理改革已逐渐推进，日趋激烈的竞争态势正在形成，不少学校正科学地调节管理方法，公正地运用管理手段，合理地采用评价手段，以优质高效的管理体系和运转模式来提高学校的教育教学质量。教师在改革发展中扮演着多重角色，对于学生，教师是管理者；对于学校的管理者，教师则是被管理者；教师还充当着学校管理层和学生之间的中介。在这样错综复杂的关系中，教师常常感到压力非常大，如时间紧张、工作负荷大、情况变化快、常常被他人评价、同事关系紧张，有时还出现角色的冲突，前程不确定、教育环境更加复杂。这些往往让人疲劳、精神紧张。教师要具有良好的心理素质，才能协调处理好各方面的关系，理解和贯彻学校发展的意图，应付可能遇到或已经遇到的各种挫折，并以健康的心态投入新的教育改革中。

另外，学生的学习活动是认知活动和情意活动，教师在教学活动中不仅要启发学生的思维、想象、创造等积极的认知因素，还要调动学生的气质、能力、性格等个性品质中的积极因素。教师只有把学生的认知活动和情意活动有效地统一起来，才能达到教学效果，提高教学质量。在教育教学过程中，教师只有以充沛的感情、丰富的想象、良好的身心状态出现在学生面前，才能感染学生，激发他们的学习热情，坚定他们克服困难的决心。如果教师上课无精打采，怀疑自己，也怀疑别人，没有自信，又不愿意与别人合作，或受社会诱惑，把持不住自己，都会严重影响自身的心理健康与学生成长发展。因此，教师要不断提升自身心理素质，对自己的教育教学充满信心，并以良好的精神状态激发学生的学习热情，提高教学的质量。

可以说，影响教师身心发展的内因主要有认知倾向、心理需求、人格因素和教学效能感，外因主要有社会期望、家庭生活、教育制度、人际关系、学校制度、经济状况。

如果可能，也可以请求学校从以人为本、环境营造、心理培训、完善制度、保障系统等方面改善教育环境，营造和谐人际关系，提高生活待遇，减缓外界压力。

但作为教师个人，最重要的是改善认知，加强修养，完善人格，放松心情与加强学习，从而提高学养、调整心理需求、改善人格特征和提高教学效率。应充分认识自我，进行合理归因。自我期望的高低，归因的合理与否都关系到自己对待问题的态度和解决问题的方式。认识自己，悦纳自我，尝试完善自我，学会客观科学地分析自己教育教学过程中成功与失败的原因，对诱发心理问题的事件重新进行解释和评价，学会换个角度看问题，换位思考问题。对已有的许多不合理的信念进行自我辨析，包括不正确的教育观、学生观等，减轻情绪的困扰，保持心理的健康。

发展多方面兴趣爱好，利用课余时间积极开展各种体育活动。在课间和休息时间，与学生打乒乓球、羽毛球，休息日也可以结伴爬山、游泳。还可以利用课余学画画、下围棋、开展摄影活动，陶冶情操，提高审美情趣。积极参加各种有益的比赛，如诗歌朗诵赛、书画大赛，以陶冶自己的情操，培养高雅的情趣和热爱生活的态度，增强自己的活力与张力。

构建和谐人际关系，保持愉悦心境。充分发挥自己的个性，在备课组、教研组、年级组内营造良好的人际关系。

营造自我发展的生活环境，如家庭布置整洁、大方、高雅，让自己感觉清新自然，心情舒畅，心灵健康自由；办公环境尽量体现温馨的生活气息，目的是使自己精神愉悦和情绪放松。

（五）反思教育过程

“吾日三省吾身”，这是孔子的名言。美国心理学家波斯纳也在1989年提出：教师成长＝经验＋反思。

在我这里，“省”就是教学反思，主要指教师在教学实践中，批判地考察自我教育行为，通过观察、回顾、分析等方式给予其肯定或否定，将教育行为与教育思考结合起来，从而提升教育效率，实现师生的共同发展。

反思是教师在课后对整个课堂教学行为过程进行思考性回忆，包括对自己课前的教学设计方案是否合理，教学观念和教学行为是否准确，学生的表现、教学的成功与不足之处等进行回顾总结和理性的分析，如哪些教学环节没有按计划完成，为什么；假如你再教这些内容，教学设计方案还可以进行怎样的更改等。有什么成功做法可以沿用，是否需要不断丰富和完善；有什么不足之处，应吸取什么教训。学生作业中暴露的问题及在考试中出现的失分点，该怎样进行有针对性的补救。

具体形式如下。一是在成败中反思。如撰写教后记、反思日记等。还可以写成故事性的随笔，或者是自己的一些失败经历。也可以写成工作日记型的，简短易记。二是在对比中反思。通过听课、评课、观看自己的教学录像进行教学反思。把教学过程给人启迪的地方写下来，反思成功之举、失败之处、智慧之光、学生之见，正是这看似平常却发人深省的课后小记，能使我们经常梳理自己的课堂，改进自己的教学方法，提高自己驾驭课堂教学的能力。三是在实践中反思。在反思训练中提高教学监控能力。四是在学习中反思。在理论学习、向专家学习、向同行、学生及家长学习中反思自己的教学行为。教师的成长需要不断反思，专家型教师就非常善于运用原理分析案例，善于反思教学策略甚至理论。如果教师不对自己的教育行为进行深入的思考，那么自己的教育行为就只能是一次次单调的重复，只能停留在一个新教师的水平上。

因为影响教师成长的最大障碍不是环境和他人的作用，而是自己的惰性、满足、自我原谅、自我开脱，是大事做不来、小事又不做的思维习惯，所以，要多改变自己，少埋怨环境；埋怨环境不好，常常是我们自己不好；埋怨别人太狭隘，常常是我们自己不豁达；埋怨学生太难教，常常是我们自己方法太少。最好养成用日记记录当天的重要事件或心得的习惯。成功与失败都是一种习惯，而最好的习惯是不断重复简单而有效的行为。

一是了解做每一件事的目的。目的清楚则有助于达成结果并享受过程。我有过教训，因不停抱怨，美景也无心观赏。过程不愉快，到达目的地也没有喜悦。

二是对大事应先形成自己的主见，然后听取各方面的意见。一旦经过深思熟虑，就不轻易变更。

三是制订“当日计划”。在前一天晚上或第二天一早即把要处理的事全部列出来，并且依重要性分配时间。

四是每天问自己：“今天我学到了什么？今天我还有哪些可以做得更好？今天在过程中我享受了哪些事？”

五是以写自传、写历史的心态来写日记，让自己知道成长的经验，知道如何克服恐惧，突破瓶颈，如何确定新目标。

利用写日记来解决问题。写下来将要面对的问题，然后用纸和笔来解决，写的过程是思考的过程，在此过程中，问题往往都能迅速得到解决。

使自己的记忆和经验深刻化。看过去的日记可以比较自己的进步，并回忆当时的情境和心态。从日记上学习，就是从自己的经验中学习，就不会重复犯错。

经常及时地将教学中的感悟、反思以及学生对一些问题的新想法记录下来，定期整理，并形成论文。积极撰写教育叙事，就是对教师的日常行为背后所内隐的思想，教师的生活故事当中所蕴含的理念进行研究。对于教育科研来说，这些从教师自身实践衍发的案例、思考和经验具有专业理论研究无可比拟的针对性、真实性和情境性。这些鲜活的案例胜过枯燥的理论和说教，是促进教师成长、丰富自我的宝贵资源。因此，在教学实践过程中，善于累积，把观察和经历的教育故事、教育问题用教育叙事或教育案例的形式记录下来，形成教研论文，有助于教师的理性思维的发展和教育质量的提高。

教师都应该对自己的教学时时进行反思，进行记录，在反思、记录中成长。时时反思自己的行为，就可以见到自己的进步，就能不断地认识自己，不断地发现自己，不断地获得成功。

（六）远离诱惑，用心读书

读书不一定能使自己伟大，但一定可以使自己崇高。苏霍姆林斯基把读书看作教师最重要的素质，提倡教师要每天不间断地读书，跟书籍结下终生的友谊。只有真正读书了，才意味着有了从事教育的资本。读书是教师成长最佳的方法和途径。只有教师有读书的兴趣，才会培养学生读书的习惯和爱好。何况，教育是一项塑造人的心灵的事业，教师必须提高和优化自身的素质，以心灵感受心灵，以情感赢得情感，以智慧碰撞智慧。教师坚韧的意志、博大的胸怀、宽容的态度、坚定的信仰、乐观的性格潜移默化地塑造着学生的灵魂。教师对真善美的向往，对假丑恶的鞭笞；对真诚、节俭的颂扬，对虚伪、浮华的贬斥；对人生价值的追求，对虚名浮利的淡泊，都直接影响着学生人生观和价值观的形成。而这一切，都需要以教师的健全人格与学养为基础。

教师要想取得深厚的造诣、扎实的知识、渊博的学识，就必须抓住每一个时机向书本、向实践、向生活学习，通过各种渠道，引道道清泉、聚座座富矿、集百家所长，不断充实自己，才能使自身得以发展。

经常阅读报刊能够让自己对世界保持一种新鲜感。经常阅读经典，能促使自己不停地思考。对世界保持新鲜感，能够使自己的观点不落后于学生。阅读经典，会在无形中提升自己的品位，强化自己的人格魅力，从而影响自己的学生。

一些教师认为繁重的教学任务耗去了大量宝贵的时间和精力，没有时间学习；一些参加工作不久的年轻教师，觉得只要学好教材和教案，就能站在讲台上教育学生。实际上，每一项工作都是一个学习的机会，应从工作中学习新技能、新方法并促进专业发展。如工作交谈中多一分心思去思考，这是学习；在检查学生作业时，回放一下自己的教学，反思一下自己的得与失，这是学习；在众多的传媒之中捕捉有益的信息，这是学习；在灯光下备课，长呼一口气，调节一下自身的心绪，汲取其他教师在备课中的独到之处，这也是学习。

三、教育教学充满情趣、艺术与智慧

心理学研究发现，有情趣的教育教学，能在大脑皮层形成一定的兴奋。增强教学趣味性，可使学生处于积极思维的状态。

教育家梁启超的教学非常受学生喜欢的原因之一是他的课充满情趣，他甚至说：“倘若用化学化分‘梁启超’这件东西，把里头所含一种元素名叫‘趣味’的抽出来，只怕所剩下的仅有个零了。”①

教育教学是育人的事业，一本正经地照本宣科是教育教学的大忌。我从王培生老人讲传的享受中悟到，充满情趣的课堂才有吸引力，特别是要求背诵、讲授语法与学习文言文时。

从生理心理看，人类为情趣的动物，情趣会使自己的心境大好，看什么都觉得顺眼。情绪饱满，血液循环加快，突触迅速伸张，思维自然活跃，一切的内容都会涂上一层新奇的吸引力。学问有了情趣，就会自我联想、自己领略，效果自然事半功倍。

首先要立足于学生的身心发展，多多研究小孩子为什么游戏，而且始终为游戏而游戏，不是为分数而游戏，也不是为学习而游戏，但于学生的身心发展又是最值得给高分，最有助其学习成长的。

其次是引发教育教学内容蕴含的情趣。教育教学内容其实许多都是有趣味的，可以通过惟妙惟肖、形象逼真的教材内容的表演留下深刻而难忘的印象。如语文教学中的表达交流，王旭明老师就总能够将藏在深处的情趣引发出来，在教小学生打电话的过程中，通过与同学、与老师一来一往的对话，将“逗”的艺术情趣化了。学生开始时怕，觉得有趣后，问题越来越难，却越能激发大家的勇气，心甘情愿地一层一层地往深处走，甚至到了欲罢不能的地步。

再次是巧比善喻，以唤起学生的感觉知觉，帮助其理解和记忆，如

① 胡适、鲁迅、梁启超等著：《民国语文》，中国长安出版社 2011 年版，第 47 页。

“问君能有几多愁”，对这个“愁”字一般人很难理解，而古人用“恰似一江春水向东流”打比方，简单几个字，由虚变实，富有质感，使抽象的问题变得具体、实在，意味无穷。

最后还可以通过模拟进餐、购物、旅游、问路等语言环境下的对话，插入谜语、绕口令、顺口溜、歇后语，或者借助找朋友游戏来展开语言训练。如能充分利用电视、录音、录像、网络、统计表、示意图以及多媒体课件等多种信息传输媒体，融讲、写、听、视为一体，就可以增强现代教学的感染力。

教学是科学又是艺术，提高教学艺术，只读书、听讲座不行，光靠自己独立探索与日积月累也不行，要善于博采众家之长。“三人行，必有我师焉”，首先是加强组内的交流，通过备课组集体备课，教案共用，听课、评课，研究讨论等方式交流学习、互通有无，既吸收教师丰富的教学经验、宝贵的教学技能技巧，也帮助自己形成新思想、新方法。其次是抓住一切机会，借鉴高水平的先进经验，如有市、省、全国级的课堂教学大赛，都要想方设法参加，听执教者谈教学设计，听专家点评得失，或与大赛的夺冠者当场交流、切磋。这样，借鉴名师的经验和智慧，开阔了视野，使自身的教学实践少走弯路，使自己的教学水平得以迅速提高。博采众家之长，为我所用，形成自己独特的教学风格。

使自己的教育行为充满智慧。教师是学生在性格品质形成关键期接触较多的人。学生天然的“向师性”，使教师的人格潜移默化地影响着学生的人格，学生在不知不觉中吸收了教师人格的精神实质而内化成自己的人格要素。因此，为了使自己的教育更上一层楼，教师需要敏锐的观察力和了解教育对象的能力；信息组织与转换能力；信息传递和接收能力；创造性地进行教育教学活动的能力；需要有稳定而积极的教育心境；和谐的人际关系，以健康的心理状态来适应各种环境，用自己的能动力量去影响周围的教育环境。而所有这些能力，都要具体体现在自己的教育言行中，如用微笑作无言的肯定，敢于给学生更大的创造空间，会营造适于谈心的氛围，会从具体的言行中发现学生巨大的潜力与特长，对学生的评价从来都是正面的，对学生犯过的错误总是主动遗忘，在各种管理中，营造民主气氛，培养责任意识，以商量的语气建议学生改进学习方法。

如优秀的教师在课堂上都有一套自己的体态语言：夸奖学生时轻拍他的肩膀或抚摩他的头；提醒学生注意听讲时用严肃的眼光，或轻踱到他跟前用轻微的动作提示；发现学生萎靡不振时用手抚摸他的额头；当学生取得成绩时兴奋地与学生一起击掌欢呼。总之，举手投足皆有意，一颦一笑总关情。

教育智慧是对教育前沿敏锐感受、准确判断生成和变动过程中对可能出现的新情况和新问题的解决能力；是把握教育时机，转化教育矛盾和冲突的机智；是根据对象实际和面临的情境及时做出决策和选择，调节教育行为的魄力；是使学生积极投入学校生活、社会生活，热爱学习和创造、愿意和他人心灵对话的魅力。有教育智慧，就可以培养出有人生智慧的学生，在这种土壤里发展的教师，就不再只是停留在职业伦理道德、专业知识和技能的层面，而是深入了教育的核心领域。

四、成长发展为充满魅力的优秀教师

优秀教师的标准有三个，具体如下。

（一）顺应身心发展状态

采用卡特尔人格测试量表对特级教师进行的测试发现：这些教师人格因素中聪慧性、稳定性和有恒性普遍比较高，表明智慧性、情绪稳定性、较强的意志力等积极的人格因素是教师形成良好心理素质的重要因素。

根据学生对教师讲课效果的等级评价，成功教学的四个维度是：成就取向，人际取向，魅力与组织才能。在这四个维度上，得分高的教师就是学生公认的优秀教师。

学生比较喜欢的教师特点为：上课认真，语言清晰、幽默，板书工整，不拖堂；对人和气，无偏见；对犯错误的学生，不讽刺打击；改作业细致认真，百问不厌；以身作则等。听取优秀教师的感人报告，定期撰写心得体会或与人讨论感受与领悟，通过对照、比较，可以不断反省自己，取长补短，完善自我。

（二）借鉴高级职称评价标准，明确优秀的具体标准①

1. 基本条件

坚决拥护党的路线、方针、政策，坚持四项基本原则，遵守中华人民共和国宪法和法律。具有良好的思想政治素质和职业道德，忠诚人民的教育事业，为人师表，教书育人，积极推进素质教育，努力工作，团结协作，学风、教风端正。身体健康，能全面履行本岗位职责。完成规定的继续教育任务。

2. 专业要求

教师应贯彻执行国家的教育方针，关心爱护学生，积极推进素质教育；对所教学科具有系统坚实的理论基础、专业知识与基本技能，具备终身学习的能力与研究能力；树立现代教育思想，具有创新意识和开拓精神，积极进行教学改革，认真研究教育教学规律，教育教学经验丰富，方法得当，教学效果显著；积极培养和指导青年教师；积极组织和参与学生课外教育教学活动，在发展学生智力和能力，引导学生创造方面做出显著成绩；教书育人，管教管导，促进学生全面发展；积极承担学校规定的工作任务。

3. 具体实施

优秀教师的基本条件如下。

一是成果获奖方面。参加教育行政部门组织的优质课竞赛，获省级二等奖或地级一等奖以上；获省级教育科研、教改实验优秀成果、优秀教学成果奖二等奖，或地级一等奖以上。县、乡（镇）教师参加教育行

① 参见《广东省人事厅关于深化我省职称制度改革的若干意见》（粤人发〔2003〕178号）；《广东省中小学教师水平评价标准（试行）》；《广东省高级教师职称评审条件》；《广东省正高级教师职称评审条件》；《广东省特级教师评审条件》；《广东省正高级教师职称评审条件》关于“思想品德”及“育人工作、课程教学、教研科研、示范引领”的内容。

政部门组织的优质课竞赛，获地级二等奖以上，或地级教育科研、教改实验优秀成果二等奖以上，或地级优秀教学成果一等奖以上。

二是论文方面。省、市（州、地）及所在地教师发表本专业论文3篇以上，或论文获得省级一等奖1篇和获省级二等奖2篇以上。县、乡（镇）教师发表本专业论文3篇以上，或论文获省级二等奖1篇和地级三等奖2篇以上。

三是实验方面。在教改、教材教法研究方面做出突出成绩，其教育教学经验在所在市（州、地）推广。指导青年教师2名以上，有明显的效果，有记录、计划、总结等相关材料，并承担地级以上教育部门组织的示范教学或学术讲座一次以上；或县级以上教育行政部门组织的示范教学或学术讲座等任务二次以上，其水平在县属领先地位。

四是荣誉方面。省、市（州、地）及所在地教师获省级以上劳动模范、优秀教师、先进教育工作者、优秀班主任、德育先进工作者、三八红旗手等荣誉称号。或获得地级优秀教师、先进教育工作者、优秀班主任、德育先进工作者、教学能手、三八红旗手等荣誉称号二次以上（可累计）。县、乡（镇）教师获地级以上优秀教师、先进教育工作者、优秀班主任、德育先进工作者、教学能手、三八红旗手等荣誉称号二次以上（可累计）。或获得县级优秀教师、先进教育工作者、优秀班主任、德育先进工作者、教学能手、三八红旗手等荣誉称号三次以上（可累计）。

五是指导学生方面。积极组织竞赛辅导（有教案、有教学计划），省、市（州、地）及所在地中学教师所指导的学生在参加教育行政部门组织的或委托其他部门组织的各类教育教学竞赛中，有3人（次）以上获全国三等奖、省级二等奖、地级一等奖以上。县、乡（镇）中学教师所指导的学生在参加教育行政部门组织的或委托其他部门组织的各类教育教学竞赛中，有1人（次）以上获全国二等奖、省级一等奖；或2人（次）以上获得省级二等奖以上。

六是破格方面。对不具备规定条件，但确有真才实学、成绩显著、贡献突出的教师，实现破格评选。

（1）出版有较高水平的教学专著，省、市（州、地）及所在地中学教师的专著字数不少于20万字。县、乡（镇）中学教师的专著字数不少于12万字。

（2）省、市（州、地）及所在地中学教师发表本专业学术论文6篇以上，其中在核心期刊上发表2篇以上。县、乡（镇）中学教师发表本专业学术论文3篇以上，其中在核心期刊上发表1篇以上。

（3）省、市（州、地）及所在地中学教师所承担的教改实验成果获得省级以上教育或科研主管部门的一等奖（排名前3）。县、乡（镇）中学教师所承担的教改实验成果获得省级以上教育或科研主管部门的三等奖，或地级一等奖以上。

（4）连续2年在本校完成的课堂教学时数平均高于国家规定课时定额的20%以上，且教学成绩特别突出。省、市（州、地）及所在地中学教师参加教育行政部门组织的优质课竞赛，获省级二等奖以上；或获国家级教育科研、教改实验优秀成果二等奖以上；或获国家级优秀教学成果奖。县、乡（镇）中学教师参加教育行政部门组织的优质课竞赛，获省级三等奖以上；或获省级教育科研、教改实验优秀成果三等奖以上；或获省级优秀教学成果奖。

（5）省、市（州、地）及所在地中学教师获省级教学质量一等奖3次以上。县、乡（镇）中学教师获省级教学质量一等奖1次以上；或获地级教学质量一等奖2次以上。

（三）借鉴正高职称的条件，明确教育名师的标准①

1. 思想品德

拥护中国共产党的领导，遵守国家法律、法规和本单位的规章制

---

① 参见《中共中央、国务院关于进一步加强人才工作的决定》（2006年）；《中共广东省委、广东省人民政府关于贯彻〈中共中央、国务院关于进一步加强人才工作的决定〉的实施意见》；《关于深化职称制度改革的实施意见》（粤办发〔2017〕52号）；《广东省强师工程实施方案》。

度，忠诚于人民教育事业，模范遵守师德规范，敬业爱岗，教书育人，勤于进取。

2. 知识水平

系统掌握教育教学的基础理论知识，准确把握现代教育教学的理念，具有深厚的任教学科课程的基础理论和专业知识，掌握国内外本学科教育教学改革与发展的最新动态和最前沿的学术成果，善于吸收最新的教育教学研究成果并应用于教育教学实践。

3. 专业能力

具有很强的教育教学能力，对本学科课程的教育教学方法有创新性的改革；具有较强的创新意识和教学科研能力，在本学科领域起到带头示范作用；具有较强的信息技术与课程整合能力及其他现代教育技术应用能力；具有很强的促进学生综合素质发展的教学拓展能力和育人能力。

4. 业绩成果

具有丰富的教育教学经验，胜任各年级循环教学，教学业绩显著，教育艺术精湛，形成富有个性的教育教学风格；积极发挥推动本地区教育教学改革发展的作用，在本地区教师队伍中有很高的威信；主持并承担完成本专业高层次的科研项目（指教育行政部门或教研部门组织立项的科研课题），在教育思想、课程改革、教学方法等方面取得创造性成果；德育工作有明显成效，为促进学生健康成长和综合素质发展等方面起到指导者和引路人的作用，在学生中有较高的威望和感召力；指导青年教师、培养骨干教师、促进教师专业化发展工作有较明显的成绩；公开发表或出版本专业的论文、论著，并具有较高的学术水平和应用价值；获得教育行政部门授予的各类表彰称号。

第五章　寻找教师生涯意义　实现可持续发展

——中年教师职业发展的新启发

教师身心发展是一个自我不断完善的过程，贯穿其职业生涯的整个过程。随着教育改革的深化，素质教育、创新教育的实施对教师素质提出了更高的要求，而教师素质的提高是一个长期复杂的过程，一旦形成，便作为一个完整的结构，以整合的力量稳定地体现在教育行为中。教师素质对学生的影响也不是以某一特质单向进行的，而是作为一个整体的人的力量进行的。因此，每位教师都必须继续学习，全面提高自身素质。

一、中年教师身心发展的基本历程与教育开发

从生理发展看，40 岁，人的各种生理功能和精力都开始减退，且开始进入“多事之秋”。身体开始“不好动”，每天消耗的热量明显减少，出现肥胖；听力每况愈下；眼睛看近物时开始模糊；骨质疏松的迹象开始出现；记忆力明显下降。44 岁是一个最值得关注的年龄，人的生命曲线从高峰跌下，而工作和家庭的负担曲线向上升，这两条剪刀状曲线的相交处正是 44 岁。联合国教科文组织从世界各国大量的统计资料发现：43—45 岁的男性在生理上将发生巨大的变化，44 岁是青年和壮年的分界点，这时生理上的变化会引起心理、思维的变化。老花眼的症状明显。48 岁，会真正地显出老相，面容憔悴，鬓发斑白。50 岁，更是“危机四伏”，衰老现象更加明显；激素下降将会引起骨质疏松，肌肉也将因为运动减少而萎缩；免疫系统中起重要作用的胸腺已萎缩了 90%—95%；声调从 C 调升为 E 调；指甲生长缓慢；腰围粗壮达到巅峰；各种疾病接踵而至；健康危机有了生理和病理的基础。

从教育人生看，四五十岁的大部分教师已经从教多年，这一阶段是达成目标、实现理想的时期，也是自己的教学风格形成的时期，领导的

支持、鼓励、重用非常关键。

第一阶段：40—44 岁。人到中年，通常为人子或为人女，为人父或为人母，为人夫或为人妻，也为人友；爱过，恨过，笑过，乐过，苦过。有生活的艰辛，有家庭的希望，有人生的悲叹，也有尽孝的温馨。在校工作已进入稳步发展阶段，对教材教法已经熟悉，并能灵活运用于教学中，具有了较好的认知结构，教学功底较为深厚。对工作积极投入，参与学校各项教学活动，开始尝试各项不同教学策略，以实现更佳的教学质量，形成了自己的教学个性和风格。具备了较强的教育科研能力，并取得了部分或相当数量的科研成果，在专业刊物上发表了更多文章。大部分教师成为学校的骨干，部分成为县级骨干教师，有些甚至成为市、省级优秀教师，在校、县、市乃至省内外开始有一定的知名度。有的已评上高级教师乃至特级教师。

生活渐趋稳定，拥有较丰厚的经济条件，有住房、私车。对事业家庭都求稳。更多的是务实；需要的是理解、信任、尊重和业务“充电”，认真对待自己选择的生活伙伴，希望爱人懂生活，懂感情，有责任心，希望学校有比较好的福利与教育教学条件。不断学习提高是教师的强烈需求。

40 岁之后，事业逐渐达到顶峰，身体开始走下坡路，这一时期的教师，在生活中很少依赖其他人，独立使教师愿意做自己认为最本质的事情。40 岁以上的教师，无论对职业还是人生已大多不再迷惑，并且多数人都经过了生活的洗礼，在教育孩子的过程中对自己的成长也有一定的反思。由于教学经验丰富，学校往往委以重任，使他们感到领导的信任和器重，又感到体力不支，身心俱疲。

从社会化进程看，这一阶段的教师大部分人已过上幸福充实的生活，他们生儿育女，承担社会工作，这一阶段是一个人对下一代的关心和创造力最旺盛的时期，但面临的家庭问题较多。既要赡养老人，又担心子女的升学和就业问题；既要完成繁重的工作任务，又要应付家庭中的琐碎事务，心理问题较上一阶段的教师多，心理健康水平不如上一阶段的教师。

第二阶段：45—50岁。经过前半生的努力，教师积累了丰富的教育教学经验，他们中的大多数是学校教育教学的中流砥柱，还承担着培养新教师的艰巨任务。他们处于既想承担重任，又担心体力不支不能很好地完成教学任务的矛盾心理中。

从社会化进程来看，这是个体社会化的较高级阶段。家庭、子女等一系列问题都不断地扰乱其平静的心态，加上更年期就处于这一阶段，焦虑、抑郁等情绪不断滋生。

因为工作相对稳定，教师对职业的新鲜感和好奇心已经丧失，职业敏感度和情感投入也在降低，工作的外部压力有所缓和，职业安全感有所增加；加上体能及热忱皆处于逐渐的衰退中，教师大多以平静方式来对待教育教学。这一阶段的教师表现出明显的稳定性特征，同时也因其资深的工作经历、较高的教学水平和较为扎实的理论功底，这些教师顺理成章成为当地教育教学领域的领军人物。开始习惯于运用自己的经验和技术来应对日常教育教学工作所遇到的问题，工作出现更多的思维定式和程式化的经验操作行为。尽管想提高自己，但工作任务重，受干扰的因素多，精力容易分散，表现为速度不快、水平提高缓慢、专业不尽如人意。教师的态度也出现了分化：有的满足于现状，转向对生活的追求；有的向上突破受阻，就退而求其次，工作进入应付和维持状态。教师开始出现程度不同的职业倦怠现象。

在这一过程中，教师分化现象自然出现，有的教而优则仕，转向了教育教学管理工作，担任校长和教育局局长，兴趣开始转向行政管理；也有的满足于现有的教育教学水平，以为自己功成名就，该是享受人生、享受生活，甚至该是赚钱养老的时候，因而精力分散，兴趣转移，不再愿意从事艰苦的创新性的教育教学和研究工作，这种心态导致其出现了大量的维持行为，严重的甚至出现了“退化”、“缩水”、“名不副实”的现象；还有的尽管壮心不已，但受到个人的生活环境、工作经历、学术背景、教学个性、知识结构、能力水平、兴趣爱好及气质性格的限制，难以摆脱原有经验和框架的束缚，难以自我超越，客观上也表现出跟原有水平相差不大的维持特征。对此，教师要学会系统思维，学会自我超越；教师自己要有与时俱进、开拓创新的精神，永不满足、勇攀高峰的态度，要以科学研究项目为载体，加强原始创新、集成创新和引进消化创新，或者创建一套在实践中切实有效的操作体系，或者在理论的某一方面建言立论，开宗立派，构建起自己的教育理论体系，成为某一领域的学术权威，从而完成从学习到整合，从整合到创造性应用，从应用到首创的这一质变过程，进而成为学者型教师。教育思想观点的形成、某种教育理论体系的构造和教育实践操作模式和教学风格的形成是其标志，体现出"类"的特点，其中创新是灵魂和核心。也有小部分教师对教学工作有挫折感及产生工作厌倦等现象，较少参与活动，或对各项教学活动或研究不感兴趣，或以严苛态度评论别人各项教学做法，或对教育改革持保守心态。

要突破这种状态，就必须通过对自己的教育教学和管理工作进行诊断分析和反思性实践，查漏补缺，找到不足点；进行合理设计，明确定位，制订规划，通过建立反思性研究团队形成支持专业的氛围，通过专家的指导和引领，通过自主意识和技能的培养，来实现理论与实践的转化与整合，构建一套理论与实践相结合、富有成效的教育行动理论，使自己成为准学者型教师。

二、在自省自励中实现可持续发展

（一）寻找教师生涯的真正意义

人到中年，常会发出许多无奈而伤感的慨叹，认为"人到中年万事休"。一部分教师也认为，人生在世，本来就是"不如意者常八九"，成功人士总在少数，何况文人相轻，自己要成功就更难了。如果从"官本位"、升官发财上讲，这是对的；如果从人生的意义上讲，这就未必对了。大江东去，浪淘尽的千古风流人物，往往是帝王将相，留下的常常是寂寞的圣贤。孔子在当时曾被人形容为丧家犬，朱熹只能身居武夷山中，朱九江仅仅是一位乡村教师，李白没有自己的居所，四处流浪，杜甫也在湘江边上摆地摊，卖草药，但他们寻找到了自己人生的意义，做着与世无争的自己喜欢的事业，从不以世俗的标准作为人生的参照物，在人世的风风雨雨中，始终耕耘着自己的心田，生命始终具有坚实的根基。

尽管步入这一阶段，我们的生活确实时时都在增添无形的压力，自己常常处在矛盾之中，但这不能成为放弃自己探寻教育生涯意义的借口，因为作为启迪、唤醒、润泽、顺引学生身心发展的特殊职业，需要一颗永远年轻的心，需要超越教师的职业倦怠，不能动摇教育人生的理想。专业知识和智慧发展不能萎缩，专业角色不能迷糊和丧失。我们要学会放下过重的心理负担，节制物欲，简化生活，继续保持心灵的单纯与自在，多体悟自己生命的灵动，多做自己智慧的体操，让自己的教育人生永远有信仰，有高度，有梦想，有超越！

（二）学会自我减压

这一时期教师有许多生活压力与心理压力，如果不正视，可能会心力交瘁，因此要学会自己给自己减压。例如，欣赏自己喜欢的喜剧演员的作品；散散步，这样有利于恢复对事物的洞察力；晚上不带工作回家，避免长时间工作至深夜；买一些自己想买但一直舍不得买的东西；整理好写字桌，轻松地开始一天的工作；和几个好朋友相约聚餐，聚出快乐；准备一件益智玩具，在工作间隙用于消遣；每工作一个小时就休息 5 分钟，把完成的工作一一“勾”去，会增加成就感；运动可提振精神，是缓解压力最好的方法。另外，可用转换呼吸方式的方法，改变肌肉和情绪紧绷的状态。眼睛累了闭一会儿，可以搓动双手，帮助整个人的气血回流，使精神重新饱满起来。

保持充足的睡眠与休息；不吃有刺激性的高压力食物，如可乐、汽水、咖啡、茶、酒精，吃这些食物，会使交感神经亢进，有时会刺激身体的某些功能处于警戒状态；应多吃蔬菜、水果、五谷杂粮，多喝水；适当晒太阳，日光有治疗的功效，增加身体的抗体；合理安排工作时间。每个人的生物节律有差异，要熟悉自己的节律，确定用脑的最佳时间，让有限的时间发挥最大的效益。通常工作效率以凌晨2—4点最低，以后逐渐上升，上午9—10点达到最高峰，午后2—3点下降至平均线，下午6点后又逐渐上升，晚7点左右形成第二个高峰，但效率不及上午，之后又逐渐下降。

科学用脑，以有变化的内容，使大脑的各个区域轮流得到休息。左脑负责逻辑、文字、数字、分析、次序等方面的活动；右脑负责颜色、音乐、想象、空间感觉等方面的活动。爱因斯坦在紧张的思考和演算之余，通过拉小提琴来使左脑得到休息。动静交替是另一种常用的交替方式。脑力劳动一段时间之后，应参加一些体育运动或体力劳动，如做操、打球、跑步、家务劳动等。这种交替活动，让思考区域的脑细胞得到了合理的休息和保养，避免了过度疲劳，同时，通过运动，呼吸系统、循环系统的活动都得到加强，大脑细胞就能得到更多的氧气和营养，这有利于消除大脑疲劳。

不以他人的成果来定义自己，只有自己知道自我的价值和希望。只要每天不断地进步与突破，自己每天都是成功的人。有针对性地不断地采取行动，并准确判断目前采取的行动是离目标越近还是越远。运用“注意力等于事实”的理论，尽量注意事物美好的一面，并得到美好的观感。从积极的方面进行积极的思考。不管发生什么事情，效果都有正面与负面，最好都看好的那面。注意自己想要的，而不是自己恐惧的。

心理研究发现，潜意识无法分辨真假，如每天一早起床就不断念自己想拥有的情绪，在不知不觉中，心态就会往那些方向改变，经21—30天养成习惯，那些感受在潜意识中出现，每天就会有良好情绪出现。如列出三件自己快乐的事情：妻子贤惠温柔，孩子天资卓越，事业基础厚实；相互分享经验、快乐；不断支持鼓励，共同成长；慷慨给予和付出而不是索取；适当幽默；多倾听、真关怀；做对方认为最重要的，而不是自己认为他应该需要的。

（三）具有合理的知能结构

如具有较为广博的知识和广泛的兴趣，具有较强的社会敏感性，对于国际、国内、政治、时事、历史、文学、艺术、宗教都应广泛涉猎；具有教育学、心理学、学科教学论、方法论、计算机网络等通识性知识、学科性知识和综合的文化知识，最好上至天文，下至地理，什么都要懂一点。在自己所教的学科领域内，达到尽可能高的造诣。一个语文教师不仅熟悉汉语、文学、文学史、语法修辞、中外名著、名作家，而且本身要有足够强的口语表达、文字表达能力，做到出口成章、引经据典。而一个物理教师能站在物理学的高度来驾驭中学物理的内容，要有熟练的动手能力，要有深入浅出的诠释能力。学生对教育内容的理解能否达到一定的深度、广度，很大程度上取决于教师本身是否见多识广，知识丰富。教学过程中，学生提出的许多问题，也需要教师见多识广，才能应对自如。

（四）充满具有教育特色的人格魅力

不少人认为名人，甚至伟人才会有学识与人格魅力。2006 年，胡锦涛同志在一封信中就称赞一位教师“不仅体现了学识的魅力，而且体现了人格的魅力”。确实，教师也可以像名人，甚至伟人那样具有学识与人格魅力。教师的学识与人格魅力，应是自然而然地教会学生对生活的热爱，对知识的追求，产生生命的激情。教师身上应该散发出一种诱人的魅力，别人愿意和你谈话、聊天，你身上的那种魅力是作为一个活跃的有血有肉的人的魅力。这样的教师，看到学生坐在教室里，血液循环就会加快，他喜欢给学生上课，也喜欢带着学生们出去玩，学生包括“后进生”，和他在一起两三天，就会把他看作朋友。教师千万不能对生活没有热情，不能对生活挑剔，如果这样，教师肯定也会对学生横挑鼻子竖挑眼的，让学生没有自信心，人格受到伤害。这种魅力的标志，就是别人愿意跟着你干事情。不用靠点名、靠纪律，不仅仅只关注优秀的学生和他喜欢的学生，疏忽他不喜欢的学生，甚至侮辱那些学生。教师放下自己的架子，提高讲课水平，让讲课本身充满魅力，把向学生传授知识的过程变成让学生欣赏你讲课的过程。我的一位物理老师叫巫东梅，她上课从来不带书，深入浅出，妙趣横生，没有一个人不喜欢她、尊敬她。1984 年我回到母校教书，也以她做我的榜样，讲魏巍的《谁是最可爱的人》，我可以声情并茂、一字不差地从头到尾将课文背诵下来，这一下子就营造了良好的气氛。我在教授鲁迅的小说《一件小事》和我自己改编的《高山下的花环》时也一样。学生特别期待上我的课，我的语文教学自然是欢声笑语，成绩也自然名列前茅，学生说，不好意思不学好我的语文。我觉得这就开始有语文魅力与人格魅力了。

三、以研究创新提高教育人生的含金量

确立新的教育与人生境界。中年教师需要的不仅是物质，更重要的是需要有新的追求。这个追求，可以是自己的兴趣爱好，也可以是工作要求，最好是两者的结合，做出自己的品牌；以自己的个性打造自己的特色。我考察、分析过许多具有特色的学者，发现任何一个学者、一个名师，只要真正顺引自己的个性，选准一个方向，深入研究，就可以打造出自己的品牌。

我不想在这里说教，愿以自己的实践经验进行具体讲述。2003 年，我研究《普通高中语文课程标准》时，对第一次提出的课程资源的开发与利用产生了许多疑问，这是教育观念的更新，为学科教育开辟了一个新的天地。我认为可以在更新的天地进行比较全面和深入的课程资源的开发与利用实验，一是可以站在理论的制高点，二是站到了新课程改革的前沿，三是与自己的研究工作高度一致，四是实验的成果自然具有先进性。于是，我开始设计“普通高中语文新课程实验教育资源的研究与实验”，2004 年 9 月实验开始，2007 年 9 月完成了一轮；2007 年 10 月至 2010 年，进行了成果验证、修正完善和推广升华。

这项课题，理论依据充分，目标明确，任务具体，实验基地与实验教师具有代表性，课题的管理科学，过程规范，具有较高的示范作用。

实验突破了综合实践活动和听说能力培养等重点难点。对于如何开展语文综合实践活动，不少语文教师语焉不详，但它在新课程、新教材和培养学生语文素养方面又十分重要。我们依据自己对课标的理解和教材独到的思考，把握学生的学情，使语文综合实践活动设计完整、科

学；内容包括新课程综合实践活动设计与实施研究的指导思想、目的和任务。开发普通高中语文综合实践活动的资源；进行语文综合实践活动的具体设计与实施，探索科学有效的操作方法；促进学生形成新的学习方式，促进学生素质的整体提高；研究综合实践活动评价的有效办法。特别是将设计表现为实实在在的师生行为，这种行为还形成了一个系列；使教学真正地改变了学生的学习方式，学生到了一个新的天地。在学生自主合作探究中，教师的方法指导具体，课程的目标得以落实。

切实转变教学方式。特别关注转变教学方式对课程改革和发展学生素质的核心意义，通过各种培训、研讨、观摩、案例讨论与反思等交流活动，改变了过于强调接受学习、死记硬背、机械训练的现状，建立了新型的师生关系，处理好了掌握知识、技能与培养能力、促进学生情感、态度与价值观发展的关系，处理好观念与行为、经验与创新、目标与过程、教学内容与教学方法之间的关系，防止对教学方式改革形成表面化的理解，克服课程改革实验中出现的一些形式化和矫枉过正的倾向，提高现代教学技术在教学过程中的应用水平，加快教学信息化建设步伐。

实验突破了原有的评价方式，如突破必修课评价、选修课评价及学业水平评价。具体体现了《基础教育课程改革纲要（试行）》的评价理念，关注了学生的学业成绩，发现和发展了学生多方面的潜能，了解了学生发展中的需求，帮助学生认识了自我，发挥评价的教育功能，促进学生在原有水平上的发展。

实验教师在实验过程中实现了教学相长。课题实验中的专家引领、同伴合作、自我反思相结合，使实验教师不仅具有了比较扎实的教学功底，也丰富了教育教学理论，更重要的是具有了灵活地解决复杂教学问题的教学智慧，转变了教学方式，开始了创新行为，富有个性和创造能力的行为更多地出现在教学的预设与生成中，如教师能够依据教学目标、学生的具体需要和教学情境，适时灵活地运用教学方法。在全国和省市教学竞赛中脱颖而出，并初步形成了自己的教学风格。

实验得到了广泛的支持与肯定。总课题组的实验思想先后得到了课程标准研制组专家和北京大学中文系教授的肯定，得到了中国当代语文教学专业委员会的高度评价，展示的课例和介绍的经验，在全国语文盛会——宁夏会议与湖北会议上，得到了与会的全国语文教师的好评。各子课题负责人及其所在单位领导在时间、人力和研究经费等条件上给予了积极支持，对课题承担者及其主要研究人员所承担的工作给予了工作量等方面的政策保证。实验教师的教学成绩受到了同事和有关市区教研部门的肯定和表彰，实验成果获得了广东省人民政府的普通教育成果一等奖和国家首届教学成果二等奖。

我认为，当研究完全融入了教师日常的教育教学活动，当每一种教育行为都有了自觉明确的意义追求时，不仅教师对专业的理解得到了提升，教育教学行为得到了改善，而且他们的工作态度、方式甚至精神生活都会发生根本的改变，他们不再机械地重复和被动地接受，而是树立更加强烈的主体意识，表现出专业意识的自觉、专业生活方式的转变、专业智慧的增长和专业态度的形成，成就自己的教育人生。

四、成就独特的名师魅力与教育经典

我这里说的名师，即在教育界及社会上有一定知名度、得到同行广泛认可的教师。从教育行政部门的标准看：名师就是师德的表率、育人的模范、教学的专家、科研的能手。从社会的口碑说，名师就是学生最喜爱、家长最放心、同行最佩服、社会最敬重的教师。从教育的角度说，名师的标志是：人格完善，学识渊博，教艺精湛，业绩超群，在一定范围内具有影响力、感召力、亲和力、创造力的教师。我认为，名师的基本素质包括：人格发展、先进的理念、教育功底、科研能力、创新意识与教育成就。要想成为名师，必须注意如下几点。

（一）要顺应自己的身心发展，激活自己成为名师的内驱力

要不断维护、充实和更新“动力源”，组织、调度好“动力”分配。只有当自己真正有了“内驱力”，才会发现机会、珍惜机会、抓住机会，不会靠别人来教，是自己去做。按照唯物辩证法的观点，事物的内部因

素是事物变化发展的根据，事物内部矛盾是事物发展的源泉，决定着事物变化发展的性质和方向。名师的成长需要良好的外部条件，但关键在于教师自身。这内驱力是自己的事业责任心和使命感，是自己教育人生的自觉追求，因为从合格的教师走向优秀教师，到成为名师，是教师教育人生的自然发展。综观古今中外的名师，都是立志苦学，终生从教，培育了成千上万的学生，创造了丰富的育人成果。有的名师还要遭遇种种磨难与不幸，但是只要有教书育人的机会，就对教育及学校心存感激，认为是它造就了自己或即将造就自己；同时，永远不放弃属于自己的行动的机会，战胜自我，超越别人。

让教师自己成为教育教学资源，教学就会充满人格魅力。如教师幽默、风趣、富于亲和力的教学才能与教学内容的智慧结合，教学内容就会活灵活现。这是康有为、梁启超、鲁迅、胡适等教育大家最成功的教法。更重要的是，这种充分体现教师自身的独特本真与教育才能，使教师特长也成了最宝贵的活生生的教学资源，这能激发学生学习的兴趣，充分感受教师的独特才能与特有魅力。

（二）教师要具有高尚的人格

人格包括教师的道德品质，文明行为修养。具体表现为：教师的爱岗敬业、乐于奉献、精力充沛、不怕困难、公道正直、实事求是、宽容理解、细心耐心、思维敏捷、记忆力强、勤于学习、勇于创造、言行一致、以身作则、举止文明儒雅。身教胜于言教。教师的人格，对学生人格的形成起着耳濡目染、潜移默化的作用。教师的人格，不仅影响学生在校期间的学习行为、品德行为，更影响学生人格的形成与发展，甚至影响终生。而教师又承担着开发、塑造一代新人的任务，有了高尚的人格，就可以更好地引导学生在教学过程中既掌握知识、开发智力、培养能力，又形成良好的个性和健全的人格。

（三）始终喜欢孩子

高尔基说过，谁不爱孩子，孩子就不爱他，只有爱孩子的人，才能教育孩子。著名的特级教师斯霞，将 70 年教师生涯成功的真谛归结为

"童心母爱"。与斯霞齐名的霍懋征，20岁的女儿离开了人世，13岁的儿子又被人刺死在家中，一连串的打击并没有摧垮她的意志，反而使她更加坚强。上级任命她做校长的时候，她坚辞不就，因为她舍不得离开她的学生。虽然没有豪言壮语，没有自我吹嘘，但她的目光坦诚直率、祥和安宁、坚毅镇定，直达学生的心灵。魏书生毅然抛却当时令人羡慕的职业，百般周折之后当了一名代课教师，心底里所涌动的对教师的无限渴望，使他嗓音高亢、手舞足蹈、指点江山、充满能量、活力四射，演绎着一个个教育传奇。

确实，古今中外的教育家，有一点是共同的，那就是对学生倾注了无限的爱。无论是苏霍姆林斯基，还是陶行知，凡有成就的教育家，都把爱当作教育成功的法宝。一名教师只有热爱自己的学生，才会把教育当作自己一生的事业来经营，才会平等地对待每一名学生，才会用心和学生交朋友，才能成为学生的良师益友。没有足够的爱心，就没有办法与学生进行正常的交流，也就没有办法真正去了解学生，进而帮助学生。喜欢学生，进而热爱学生是教育的需要，因为教师对学生的爱是只讲付出不求回报的、无私的、广泛的且没有血缘关系的爱，是一种严慈相济的爱。这种爱是教师教育学生的感情基础，学生一旦体会到这种感情，就会亲师信道。也正是在这个过程中，教育才实现了其根本的目标。

心理学研究发现，学生成长有两个影响源，第一是父母，第二是教师。当儿童进入学校后，很自然地将他们与父母交往的各种思想感情与"爱的要求"转移到教师身上，要求教师也像母亲那样关心、照料他们。此时，他们不仅希望得到父母的爱，还期望得到教师的爱。教师应该给予热情的关注，使他们时时感到教师的关怀和温暖，以满足学生的情感需要，促进学生内心产生积极的情绪、愉快的感情，从而转化成为学生学习的动力。

（四）具有先进的教育理念

一切教育实践与教育改革都是从教育观念中生长出来的。如有了

“为了每一位学生的发展”的理念，教师才能确立学生的主体地位，课堂才不是教师表演的舞台，而是师生交流与互动的天地。落实了“个性而全面的发展”，才不会让每个学生、学生的每个方面都按同一规格平均发展，才不会扼杀学生的个性和特长。

（五）有比较强的科研能力

教育与科研虽然是相对独立的两项工作，但是它们具有相互促进的内在联系。在教育活动中，寻求问题和不断探索问题解决之道就是一种科研，备课、上课、批改作业和课外活动，就与教育改革的重点、难点、热点密切相关。带着自己的思考，解决身边的教育教学问题，也是一种科研，而且是一种切合教学实际的科研。最好从自己的教育教学实践中发现问题，以问题为课题进行研究，通过科研来更新观念、揭示规律。这包括课题的发现，内容的选择，方法的采用，研究的实施，成果总结与推广。可以说，会不会科研、搞不搞科研是名师与教师的分水岭。林崇德认为教科研是教师成长为名师的重要途径。因为搞科研，能够学习教育理论、提高教育理论修养，从而懂得教育规律，这是名师的理论功底；可以了解国内外的教改信息，自觉适应国内外教育发展需要，改变自身的角色，可以面向实际、站在前沿、学会合作。

（六）必须是创新的能手

现在，教育的全球化、知识化、信息化、市场化对我国的教育机制、学校教育、教学模式提出了严峻挑战；对教师的角色、职业精神与职业道德、学科知识与专业知识、基本能力与专业能力都提出了新的更高的要求，要使自己成长为名师，就不能墨守成规，必须勇于实践，善于探索，不断积累，勤于总结，逐步提高，时时创新。因为教学是一种创造性活动，时代需要培养有创造力的一代新人。这种创新，包括创造性处理教材，特别是顺应学生的身心发展特点和已有知识，对知识进行科学、艺术的处理，使教学成为再创造的过程。名师一定要有独立的见解，闪光的个性。有批判精神，有判断的能力，明确哪个是真正的“新理念、新方法”，千万不能盲从。要特别强调通过思考来提升专业能力，提高专业水平，要在反思中形成自己独特的教学思想和风格。如创造性使用教材，过去人们认为课本是规范化的教学内容，教学的过程就是忠实有效地传递教材的过程。教师依赖于教科书和参考书，时时处处以教材为准，教得谨小慎微，学得唯唯诺诺，课堂的僵化和模式化，使得师生都丧失了自己的独立性和创造性。其实课程如何开展，都和生活有紧密联系，课堂教学都需要民主、开放，课本内容都是发展的、可以不断充实的。特别是人文学科，更应该利用广播电视节目、录音、录像资料、报刊杂志，组织各种参观、访问、调查、社区服务，让师生走出课堂、走出课本，在实践中感悟、体验、完善教材，使教育教学充满活力和创造性。

（七）总结教师发展的基本途径

如果能够根据自己的教育人生，提炼出可资借鉴的教师发展经验，那么对一线教师非常有用。如立足课堂，把课堂上生成的问题作为研究的对象，以提高课堂教学绩效为出发点，以促进师生发展为归宿，积极开展校本教研，即教师的草根研究；把握教研信息，参与教研活动，参与教研沙龙、教学课例研究等多样化研究活动，积极争取到知名学校参观交流，或参加一些全国性的研讨会，或参加全国和省市各类课题研讨活动，在互动交流中向名师学习，感悟成功的奥秘；坚持自学进修；积极撰写教育叙事和教研论文。

（八）成就自己的优课与名文名著

自己的优课，第一是将理性思考体现为具体的教学行为，如体现课标理念，充满人文关怀，教师走近学生，学生亲近教师；与学生没有心理距离，课堂没有责备，批评都伴随着期待的微笑，最多的是启发与赞美。第二是掌握教材内容，提升学科素养。如语文就通过字词句段的品味，引导学生理解内容，在范读、齐读、默读基础上，让学生具体充分地感知了一个个字词句，了解了课文的体裁特征、结构及表现手法。通过背诵积累，使学生今后的学习有新的资源和更好的语文素养。第三是锐意创新，探索了新的教法。可以是匠心独运的课题引入，可以是知识的传授与迁移训练，也可以是家国情怀的超越。第四是及时检测评价，促进教学相长。如学生的测评、教者的反思和观教者的争鸣，可实现教师、学生与观者的思维交锋与相知相长，可促使三者对课例进行新的思考、发现和探索。

教师的工作虽然很平凡，但可以很高远，可以从宏观角度把握21世纪社会、科学、经济发展所需人才素质的培养，结合自己的学科课程进行具体的设想与实践，如通过校本课程，让课程内容进一步关注学生经验，反映社会、科技最新进展，满足学生多样化的发展需求；使课程内容突出科学领域最基本的概念与原理，介绍最新的科学知识及其有关方法，增加与社会及人类自身发展密切相关的内容，加强科学技术社会的观点的渗透。也可以变革人才培养模式，注重科学探究，不再唯书本是瞻。还可以改进学生的学习方式与思维模式，以适应未来社会的竞争。更可以改革教育教学的具体评价，发挥评价的多元功能，促进学生潜能、个性及创造性等方面的发展。

作为一名普通教师，应该关注工作中的真问题，潜下心来探索，让思考走在工作的前面，不断地促使自己制订一个个小目标，分阶段给自己提出新的要求，通过自我奖励，实现一个个目标，经年累月，就可以做很多的实践与研究，自然也能产生新的成果。仅自己从事的教育教学工作，就可以经常进行反思，勤于动笔，定期总结，然后将自己对日常教学工作的记录与反思系统化和条理化，并适当上升到理论的高度，写成文章，编成专集，或者就某一问题进行深入的思考、实践、总结与升华，写出自己的名著。寻常的教育教学就不会单调和乏味，自己的一言一行就可以具有更深的意义，教育人生就会充满活力和生气。

第六章　生发教育智慧　打造教育经典

——教师教育人生的职业总结与升华

做教师做到五六十岁这个年龄，已经走过了三重境界，即生存的职业世界、发展的人文世界与人生的价值世界。最初作为职业，就是把教师当作谋生手段，最大的愿望是在教育界站住脚。进入发展阶段，就对平凡的工作充满热爱，在付出和给予中获得内心的满足，把学生的成长和自己的收获当成最大的快乐。跃上人生价值这个思想境界后，教育活动就成为自己的反思对象和研究载体，教育的存在，全都是意义。

一、资深教师身心发展的基本历程与教育开发

经历过几十年的教育洗礼，人生有了深厚的沉淀，即使是笑谈，也多了春秋的味道。这时教师不再以冲冲杀杀的方式去建功立业，也不再以学习为主，而是将自己的知识变为智慧，将才华变为思考力，重新把自己对教育的认识、体验、探究进行比较系统的梳理，并尽可能把经验进行概括与抽象，将平常的教育活动蕴含的教育哲理揭示出来，并提升到“道”的高度。这样，就可以顺应自己的身心发展，在“工作生活化、生活工作化”和“随心所欲不逾矩”中，领略教育人生的无限风光，达到人生教育的极致。

这时教师的哲学素养高低、视界的远近就成为重要的制约因素。教师个人的教育理论能否找到一个更加合理的逻辑起点，建立在一个更高的思想层面上，同时能否从单一的实践经验和教育理论学科角度转移到系统科学研究上，能否实现集大成为大智慧，建立自己的教育哲学体系和教育信仰，就成为关键因素。其理想的结果就是成为真正的教育家。既有自己的原创性的理论体系，又建构起相对应的实践操作体系，二者水乳交融。

教育智慧是良好教育的一种内在品质，表现为教育的一种自由、和

谐、开放和创造的状态，表现为真正意义上尊重生命、关注个性、崇尚智慧、追求人生意义的教育境界；是教育科学与艺术高度融合的产物，是教师在探求教育教学规律基础上实践、感悟、反思的结果，也是教师教育理论、知识学养、情感、态度与价值观、教育机智、教学风格等多方面素质高度个性化的综合体现。教育智慧在教育教学实践中主要表现为教师对于教育教学工作规律性把握，创造性驾驭和深刻洞悉、敏锐反应及灵活机智应对的综合能力；在理论上，表现出既摆脱传统的经典教学体系的束缚，又摆脱价值取向的功利诱惑。

这时的教师多数仍然坚守岗位，并坚守自己的教育教学理念。有的以平静方式等待退休；有的采取消极方式，将重心放在未来退休的规划上，或选择提早退休。因此，这一阶段教师的心理健康水平尽管比青年教师的心理健康程度高，但又次于中年阶段的教师，平静和稳定或略为保守是主要色调。

存在的主要问题是：有时不主动与人交往；有时唯我独尊，容易主观、偏狭、多疑，常常因小事与人发生冲突；有时对领导不理解、不支持；有时对同事不信任，对学生不关心、不尊重。

二、自身教育资源的创造性开发

在人的生命历程中，前半生精力更旺盛，处理新事物也会更容易上手，观念变换也会比较容易。虽然，人的后半生总的力量略逊于前半生，但从某些方面来说，如解决与分析问题的能力、运用经验的能力、洞察事物的能力以及改革与创造的能力等，并不比前半生差，有些还比前半生强。无论从哪方面看，教学活动需要经验，而经验不是生而就有的，它需要积累，尤其是需要时间、经验的积累，在教师身上就表现为岁月的积累，随着年龄的增加，经验越来越丰富。年长资深教师在这一方面比中青年教师有更大的优势。年长资深教师应该发挥自己的优势，创造适合自己身心发展的新成果。

教育人生即将走完，要做的事情主要是“三省吾身”及“好为徒师”。“三省吾身”就是全面地剖析自己，总结自己的经验与教训；“好为徒师”就是做讲座，上示范课，收徒弟，以传帮带的形式，将自己宝贵的经验传授给青年教师。

（一）全面地剖析自己

鲁迅曾说他常常剖析自己。但剖析过自己的人都知道，客观地解剖自己是幸福的，也是痛苦的，因为逝去的很多东西往往不愿再回首，特别是自己的失误，因此全面地剖析自己是需要勇气的。三十多年的教育生涯，不会一无是处，但哪些可以深入分析，提炼观点，进而发现规律，让自己成长发展的教育历程能给教育及教育的后来者带来更多的思考或启示，也是需要智慧的。需要特别说明的是，这种全面剖析，立足点不能放在自己是否功成名就和为什么没有功成名就，而是要抛开功利，从是否用自己的教育思想提升了自己教育人生的品质出发。因为生命的精华在于人的思想，一个没有思想的教师，只能是一个教书匠，不管他教了多少年书，也不管他有多高的地位，充其量只能是南郭先生。

（二）使自己身心发展成为一座宝藏

魏书生进入中老年时经常说，人生最大的快乐莫过于在认识自我中实现忘我的超越，它需要敢于突破自我的极限，永不停止地学习，不断地追求成熟，挖掘自身的潜能，让属于自我的最宝贵的资源和财富都得以尽情发挥！

人们在一生的心理发展历程中，心理特点和个性既有积极的一面，又有消极的一面。中老年人也不例外，他们的心理特点和个性，有其优势，也有其不足。青年教师刚刚开始自己的职业生涯，对于学生和学校的环境了解还不够充分，性格没有得到充分磨炼，容易急躁，冲动。中年教师已经进入了人的成熟阶段和职业的成熟阶段，对于人生有了成熟的态度和思想，对于职业也有了全面而细致的认识，既有年轻人的力量，又有成年人的稳重。老年教师的子女已经长大成人，相对而言工作比较专心，不容易分心，经历很多生活的波折，对于事情有更加成熟的看法和态度。在面对学生和工作的时候，心态更加平稳，态度也会更加宽容，性格和蔼的一面开始展现出来。这些都是年长资深教师在生理和心理上表现出来的优势，应该充分发挥他们的自身优势，让优势成为突破职业困境的内在力量。

可以与新手教师互补互助。形式可以是一帮一，重点在于让有经验的老教师带经验比较缺乏的新手教师，以便新手教师更快适应教学的工作。资深教师全面、长期、连续性地听课，及时分析评议，可以了解新手教师当前教学中存在的问题，提出改进意见和措施，促进新手教师认真教学，提高质量。也可以给新手教师提供一些示范课，让新手教师进行借鉴。或者扬长避短，调整工作内容。虽然资深教师在身体上已经不能像新手教师一样强壮，精力也可能不够用，但在教学经验上有自己的优势，应该有效利用自己多年来教学经验的总结和升华来加强学校的学术建设。如自主开展研究，编写教法和理论课讲稿，指导新手教师，总结工作经验，进行调研分析，汇编和介绍新的技术信息，进行科研实验研究。我国20世纪80年代涌现出的一些名师，其特点都是以创立某某教学法而闻名的，都是一些教学法方面的专家。他们强调教会学生某种既定的东西，现在的名师要有所超越，要强调引导学生创造新的东西。

（三）保持一颗年轻的心

资深教师要多重温当年的从教之梦，多畅谈自己当年选择教育的心路历程。新课改对教师的要求更高，面对困境，资深教师首先要与时俱进，转变观念，更新知识，跟上时代发展的潮流。一些资深教师知识陈旧、片面，教学手段单一，接受新知识的渠道单一，应该多接触网络和多媒体教学，跟上时代的发展。拓展知识面，多读书刊、报纸，保持对事物的新鲜感。其次应改变角色。过去，教师具有绝对的权威性和神秘感，他们往往扮演着知识或真理的代言人与灌输者、学生学习和纪律的管理者的角色。现在，要从学习上帮助学生，从生活上关心学生，尊重学生个性，善于发现和保护学生的积极性。

不管教师年纪多大，基础教育的对象都是1—12年级的学生，怎样适应这些学生的身心发展，需要教师调整自己的教学心态并与之协调，如教小学生，要活泼而略带童真，讲故事、玩游戏；对初中生要又活又动，喜欢探求与敢于想象；对高中生要理性、深刻、辩证、严密。同时，要永远保持公平、公正、民主、尊重、和谐。如果没有了这样的教育心态，就缺少了师生的交际，没有了师生的心灵感应。因此，要像著名特级教师于永正，70 岁了，虽已拥有了平和静谧、稳定安逸的心态，但一上讲台，就仍然是一位满头白发的顽童，用他鲜活的童心与小学生一起享受着成长的快乐。而进入花甲之年的钱理群也仍然吟诵着自己的青春之歌，守望着自己年轻的教育之梦。

三、打造自己的教育经典

我在广东省的教师问卷调查中，发现有 37.9%的教师的专业发展是从打造自己的教育经典开始的。平时，我们叫“磨课”，就是通过一节节公开课，让自己的课越来越有质量。

具有自己的教育经典，应该成为每一位教师追求的目标。怎样才能创造自己的教育经典呢？首先要对自己的教育实践进行全面的审思，审思过程中，总会发现自己有一些教育活动特别顺应自己的身心发展，也顺应学生的身心发展，对这些活动应进行剖析，并从理论和实践上进行完善，进而形成自己的教育经典。

剖析的方式，可以是口头的，也可以是书面的。但我认为最好还是书面的，因为书面的剖析更加系统和理性。这主要是分析总结自己的教育实践，如一些教育活动当初考虑不周全，没有取得理想的效果，现在重新设计，运用现在的教育条件，力争使每个经典课例都从不同的角度反映出自己对某一教育理念或理念的某一方面的把握，都清楚地呈现了师生之间的互动及互动的实际效果，展示了师生意见分歧、认识差异及思维碰撞的过程。这样，自己的经典案例就可以提升为科组的、学校的、地区的经典案例，就可以在更大的范围内产生更大的效益。

教育经典可以从教学目标、教学过程、教学效果等方面来打造，我们过去强调教育经典应该是在教育过程中，目的明确，内容清晰，方法灵活，有理论，有实践；师生过程活跃，有师生的问答互动，气氛热烈；教师语言准确简练，时间安排精当。但我更强调从顺应师生身心发展方面来打造。具体如下。

（一）让师生活动起来

活动起来的主要表现是：教育的思维活、形式活、手段活，师生都动脑、动手、动口，就是师生真正地活动起来。如学生积极地发言，学生的生活体验被激活，师生的思维不断碰撞，师生的感情逐渐得到升华。因为对教育内容的理解与接受，最终是需要学生独自完成的；而每个人又会对内容有不同的理解，活动不可能只有热烈的交流而没有沉思默想。事实上，越是学生产生困惑，越是学生思而有解，越是学生思维最活跃的时候，越是他们的认识、思想能得到锻炼、提升的时候。因此，这样的课就是对学生最有价值的课。虽然课堂气氛沉闷了些，场面难看了些，但热烈的讨论与冷静的思考都不可或缺。

因此，活动的过程，必然是冷静与热闹、交流与思考不断转化的过程。不要刻意追求课堂气氛上的热闹，更没有必要营造虚假的活动。如一些教育活动虽然师生都积极发言，但基本没有经过认真思考或不用经过思考就可以对答如流，表面顺应了师生身心发展，使其身心愉悦，其实没有真情实感，这就不能成为教育经典。现在，强调学生的教育主体，鼓励学生在教育活动中充分说大胆做，但不是让教师简单做一个学生发言的组织者、纪律的维持者，教师也要活起来、动起来，特别是当学生处于困顿疑惑、不得要领之时，教师就必须充分发挥引导的作用，这样可以使学生充分地感受、思考与领悟，会比纯粹让学生自主探索、自由发言更有益处，也更有深度。这样的教师主导与学生主体，才是真正的相得益彰。

（二）在师生的预设与生成过程中实现教育的目的

预设，是教师对教育行为的预先设计以及对学生学习行为的预先安排与估计；生成，是教师根据学生在学习过程中的表现随时调整教育内容与教育进程，使教育一直围绕学生进行。

打造经典，必须消除传统教育过于强调教师的预设、常常扼杀学生创造思维的影响，但又要根据自己的教育内容注意教育的计划性，特别是知识性内容为主的教育，不能没有教师的预设，不然学生的生成也无从谈起。因为，教师精心的预设，也可以调动学生的学习积极性，引起师生的热烈讨论与深入思考。

当然，教育的生成是不自觉地进行的，有些生成的问题很有讨论的价值，也会有很多问题不仅没有价值，还很容易把教育引入歧途。这个尺度的把握就必然需要教师来调控。如果没有教师的积极引导，学生就很难在课堂上形成有效的、有意义的生成，就会降低教育的效率，甚至从根本上否定教与学的意义。

（三）用自己的经典案例引领成长型教师

自己的教育经典，是自己的教育经验、教育思想的具体化。资深教师可以根据成长型教师的不同需要，有针对性地选择自己的不同经典案例，特别强调案例的代表性和针对性，因为成长型教师具有不同的层次，不同的需求。

用自己的经典案例引领成长型教师时，最好让成长型教师到课堂听课，强调边观看边思考边记录，然后进行即时的教学研讨，首先是自己有针对性地谈自己当时的思考、设计、评价和反思，现在的思考和改进设想；接着，让成长型教师进行多层次多角度的交流、评价、提问。在这个过程中，一定要让成长型教师将各种意见摆出来，当各种问题交织在一起，成长型教师的思维处于兴奋状态时，自己再做尽可能具体而全面的点评。点评重点是案例在哪些方面体现了新课程的理念、教与学方式有了哪些变革，哪些具体言行可以再提升。让成长型教师凭借眼前的具体的课例，完成教育理念向教育行为的转化。

这里，我引用自己的实例来说明怎样进行具体的操作。

2004年，针对问题调研和课例互动中教师都感到新课程理念下的文言文不知怎么教，特别不知怎样开展自主合作探究和落实三维目标。我设计了具体课例《曹刿论战》。在示范性展示中，我的操作是：第一，像常规上课那样突出朗诵，重视实词虚词句式的理解和翻译。第二，引导学生先归纳整理，如把文中“之”字句排列起来，分析意义和用法，再引外例例证；教师在此基础上，总结“之”字的四种主要用法，探求这些用法的规律。第三，提出人物、内容探究题，进行具体探究，探究中学生要反反复复理解和使用文句，例证观点。第四，将人物放在更广阔的背景中进行比较，前联后拓，自然升华。使继承与创新、接受学习与自主探究有机结合，使三维目标自然实现。第五，以感受和体会的形式，释说怎样在具体课例中体现课程、课标要求；怎样用教材和如何选教法。

四、完成教育人生的实践总结与理论升华

（一）珍惜与感悟自己已经拥有的一切

在现实中，很少有人去想自己已拥有的东西，自己有着健全的躯体，但不快乐，因为那么多人比我们美丽；自己有着一个平凡而温暖的家，但不快乐，因为别人有漂亮高档的车子与别墅。只看自己没有的，常常喋喋不休地抱怨。其实，自己不用像学生一样三更眠、五更起，不用像年轻教师那样疲于备课，可看看外面精彩的世界，读读自己喜爱的书，做做自己喜爱的事，最重要的是可以拥有独立的思想、自由的精神、思考的空间。不必像一些人那样，临近退休，仍然拼命地想拥有大量的财富和无限的权利，但不会享受已经拥有的一切，甚至也看不见已经拥有的一切。当然，虽然也许自己真的没有世俗中的幸福，但至少会拥有闲暇，拥有寂寞。亚里士多德说闲暇出智慧。有闲暇才有属于自己的自由时空，可以独立地思考，柔和的灯光下，可以随心任性地将思绪付诸笔端，安享生命的宁静怡然，无须设防，坦诚为人。如果得一二知音，开心时随意小聚，饮酒啸歌，悠然自得，不时漫步野外，看小草献花，听小河弹琴。这也许是一种理智的无奈，但却是一种真正的人生。

伟大的教育家，往往成就于一点一滴的人生感悟，古希腊的柏拉图、亚里士多德，以及后来的夸美纽斯、洛克、卢梭、裴斯泰洛齐等人，都曾构建过自己的教育体系，成为世界教育大家。苏格拉底因一个一个的问答与知识传授和道德提升，成就了千古流传的“产婆术”。昆

体良因执着于儿童天赋的研究，铸就了自己教育理论体系中的精华。夸美纽斯的《大教学论》就因按照人的成长发育，提出了统一学制的创见，完成了学校教育体系的构建。洛克因提出了德、智、体和谐发展的新教育体系，写下了世界教育史上的新篇章。卢梭的教育思想是天赋人权。裴斯泰洛齐以“贫苦者之友”在教育史上第一个建立了初等教育的理论和分科教学法。罗伯特·欧文建立的“新和谐村”为人类教育理论宝库做出了一大贡献。赫尔巴特因在伦理学的基础上建立了教育目的论，在心理学基础上建立了教育方法论，指明了教育学的研究对象，提出了科学的术语、定义和分类，第一个把教育建立为一门科学。福禄培尔因为“来吧，为我们的儿童生活吧！”成就了教育人生的历史写照。杜威因儿童中心及做中学而扬名四海。马卡连柯因把三千名失足少年培养成为将军、工程师、医生、教师、新闻记者、工人而功成名就。凯洛夫在总结别人成果的基础上，提出了六条教学原则。皮亚杰在人们熟视无睹的儿童幼稚行为中，发现了儿童思维的特点和规律，提出了关于儿童智力发展阶段的理论，至今无人超越。

特别值得学习的是乌申斯基。他成长于小庄园，热爱教育却被解职，孤儿院的教职也让他发现了一个个研究的课题，发表了许多重要论文，成为著名的教育理论家。变相流放期间，他研究了许多国家的教育，编写了一部供小学一、二、三年级学生用的教科书《祖国语言》及其教学法指南，完成了巨著《人是教育的对象》，成了俄国教育学的奠基人。

后人没有因为前人杰出的教育成就而因循守旧，他们总以自己的一点点新研究为人类的教育宝库贡献新鲜的成果。例如，布鲁纳就继续提出自己的大胆假设：“儿童都有他自己观察世界和解释世界的独特方式”，以及“科学家、诗人和小学生的智力活动本质上是一样的”，并提出了发现教学。苏霍姆林斯基任校长长达二十多年，始终兼教一门语文课，并且坚持天天听教师的课，他从教育实践出发，潜心研究，对教育和教学提出一系列创造性的见解，形成理论体系，而又用它来指导实践，验证他的理论，成为世界公认的大教育家。

孔子这样伟大的教育家，也成就于一点一滴。一句“性相近也，习相远也”就肯定了教育在人的发展过程中的关键作用，一个“有教无类”的办学举措就打破了春秋以前的教育格局。在创办私学中，完成了招生方面的革命，也丰富了自己的教育实践和教育理论。

王守仁也是在总结“致良知”、“自知”、“自得”、“点化”、“解化”、“谏师”、“随人分限新及”、“人之资质不同，施教不可躐（列）等”中形成了自己的语文教育观。

（二）对自己的感悟进行理性的提升

平凡的教师，凭着自己几十年的教育人生的风风雨雨和大大小小的教育感悟，也可以潜心于自己最感兴趣、最有心得的一点，进行深入的思考，并将思考形诸文字，从而立言、从而有所建树。最好，立足自己教育人生的具体实践，对生理、心理、认知、人格等规律性的东西进行深入的探讨与具体的揭示，写出人生教育指南性的学生读物与教育人生的教师指南性著作，所有的理论都基于人生教育与教育人生的具体事实，全部的事实都具有成长的意义与发展的意义。

一个水滴可以折射出太阳的光芒，一朵浪花可以蕴含大海的浩瀚。它出自草根教师的笔端，也可以代表成千上万教育工作者的心声；它可能没有大文人的文采，没有技巧，但一字一句都是教育实践者智慧的结晶，是作者切身的体验，是这卑微教师博大深远的心灵深处流出来的心语。这心语，自然饱含智慧，自然蕴藏着教育的大千世界。读着它，人们更能体味到教育情结，反思教育的行为，激发教育的灵感，引发教育的新思维，生发教育人生的智慧，提升人生的质量。

这样的著作，其作用应该比现在许许多多的教育学、学科心理学、教育管理学与教学论更大，甚至，因其作用，学术价值也可能一样比现在的各种“学”更高。因为我们今天读到的教育经典著作，是作者用一生的教育人生与教育情怀写成的。

（三）勇于放弃，享受寂寞

人生就像爬山，本来是要到山顶看风景的，可身上背负着各种各样欲望的包袱，欲望越多越爬不上去，别说险峰上的无限风光无缘尽览，就连欣赏沿途景色的快乐心情也荡然无存。对于追求不到的东西，该放弃时就要主动地放弃，否则，只能让自己在泥潭中苦苦挣扎，最终的结果是一无所有而伤心至极。放弃是一种非常明智的选择，能带来轻松的心情，又可给自己一个平静的心态。

《增广贤文》说："自古圣贤皆寂寞。"圣贤不一定经历了大的灾难，承担了大的不幸，但一定是沉浸在大的寂寞之中，忘我地投入自己喜欢的工作，历史的辩证法就是追逐时髦、寻求热闹的归于沉寂；甘于寂寞、乐于寂寞的永垂不朽。热衷名利的，不可能寂寞；喜欢赞美的，不甘于寂寞。唯有智者常乐于寂寞，大智若愚，大巧若拙，以无为而达到无所不为。

（四）修成大方之家

在平凡中诞生、成长，在浮躁喧哗闲暇寂寞中一天天老去，自己已经悟透人间百态，每个人在其生活的历程中都会志不得酬、才不见用，再希望伯乐来发现自己，无疑会造成新的精神苦闷。最好是逐渐摆脱一切干扰，静下心来潜心修炼自己，修成优美的灵魂：君子不器，仁和宁静。不再把自己的名誉和利益看作应该刻意追求的大事，能够真正静下心来埋头做自己想做的事，不再为他人的看法改变自己的想法，不再为他人的旨意改变自己的做法。甚至可以不论寒暑，不分昼夜，潜心研修自己喜爱的学问。具体是：让自己变得简单。越是单纯的人，就越快乐。简单是一种哲学，一种境界。在这种境界中，可以用一种超越现实的审美视角，看微小的已经失去生命的落叶，也有落叶的价值与美丽——正是它们的存在，为大树提供了必需的养分。

这种大彻大悟，它并不是儒、释、道最高境界所独有，而是我们每一个人可以终身追求的目标。孔子"四十而不惑，五十而知天命，六十而耳顺"，那是竹简传递信息的时代。今天，我们身处信息时代，如果我们能够尽早悟透百事，放弃名利，并付诸全面的实践，能在 50 岁前达到这一境界，我们的心理寿命就等于延长了 10—20 年。如果实现了这一愿望，得到的是金钱和其他任何财物无法换回的收获。

这时，可能有许多学生超过了自己，作为老师，应该为此感到无比自豪。应该像朱九江一样，挥挥手，鼓励自己的学生超越自己，并用一生为自己的学生祝福！像他那样，以一代学人的高远，看着离自己越来越远的学子的背影。

第七章　与中外教育大师的神交与心语

阿拉伯谚语说：一位老人就是一座图书馆。[①] 读一位老人就是读一本博大精深的大书。

世界教育大师几乎都是历经艰辛而终获卓越成就的，是我们这些教育后来者心目中永远难以企及的丰碑和典范。

在教育财富逐渐丰富但教育思想仍然贫乏的今天，我常常幻想教育大师的灵魂能够与教育者一同前行，并就今天面对的教育问题，进行富于智慧、具有深度的对话，使教育的学问不再是冷冰冰的知识，而是活生生的智慧。

我想以虚拟的情境，进行一次教育思想的千年穿越。我想尽可能走进这些教育大师博大的内心世界，一起畅聊他们的人生故事、独特经验及教育思想，体悟更多的教育真理与教育智慧。我希望这样的穿越之行俨然一部徐徐展开的人类教育史，每一个人都可以从中收获到属于自己独有的财富与思想。

一、访老子

西方有位哲人曾说，老子《道德经》“像一口不枯竭的井泉，满载宝藏，放下汲桶，唾手可得”。

相传连孔子都向老子问礼学道五次，时间跨度 34 年。因此，我将国内的首次采访对象定为老子。

老子（约前 571—前 471 年），据《史记·老子韩非列传》记载：“姓李名耳……谥曰聃。”他是楚国苦县（今河南鹿邑县）人，曾做过周朝守藏史，掌管周王朝图书典籍，见闻广博，是春秋时期的哲学家和教育家，道家学派的创始人。

---

① 《任继愈对话集》，人民日报出版社 2009 年版，第 136 页。

在我的幻想中，夕阳西斜，光华东射，南国珠江的海角红楼前，有一老者，白发如雪，其眉垂鬓，其耳垂肩，其须垂膝，身着素袍，简朴洁净，倒骑青牛，踏步江边，悠然自得。

王土荣（以下简称笔者）：弟子土荣，三生有幸，奇遇贵人，我资质愚钝难化，许多困惑欲请赐教。

老子：不客气，我喜欢交流。

笔者：《道德经》为什么会名扬海外？

老子：可能与海外之人崇尚自然、自由与独立有关，他们更注重自我对人生的体验。

笔者：《道德经》被誉为“哲学诗”，其中充满了对人生体验富有启发性的观念和不少深沉的智慧之言，具有丰富的、朴素的辩证法思想，还保存了许多古代天文、养生、生产技术等方面的资料。

老子：也有人说我不思进取、随波逐流。听评价要从正反两方面来听。我把“道”看作万物的总根源，是人类社会生活必须遵循的自然法则，并由此形成了以“道”为中心的教育思想。不过这并不值得沾沾自喜。

笔者：您成就自己最根本的原因是什么？

老子：没有成就自己的欲望，但有好学习、勤思考的习惯，有扎实的文史功底，有远离个人名利的高远求索。商老先生教我三年，我基本上形成了人生的基本功。老师辞行时也说得非常清楚，“非老夫教授无终也，非聃儿学之不勤也，实乃老夫之学有尽，聃儿求之无穷，以有尽供无穷，不亦困乎？”

笔者：有人说，您老一生既无意仕途，又不屑经商，没有什么经济效益可言，一天到晚除了去图书馆上班，只能闷闷不乐、神经兮兮地呆坐瞎想，您肯定不同意这种讲法吧？

老子：不同人的成长背景，会产生许多看问题的角度，我同意这种讲法。我甚至有点孤僻、沉默寡言、拙于辞令，尤其不好为人师，一副“大辩若讷”、“大音希声”的样子。我一生从来都不曾想过如何去包装和推销自己，而只愿做一个我行我素、自由自在的人，哪怕因此而陷于默默无闻。

但我不是闷闷不乐地呆坐瞎想，我很平易近人，即使是与同渡的乘客，也谈笑融融；我的身心总是舒展旷达、平静淡泊。更重要的是，我以王朝兴衰成败、百姓安危祸福为鉴，溯其源，提出“道可道，非常道”；“上德不德，是以有德”。以“道”言宇宙根本，含天地变化之机，蕴阴阳变幻之妙；用“德”言处世之方，含人事进退之术，蕴长生久视之道。

笔者：您就没有一点使命感吗？

老子：天地无人推而自行，日月无人燃而自明，星辰无人列而自序，禽兽无人造而自生，此乃自然为之也，何劳人为乎？人之所以生、所以无、所以荣、所以辱，皆有自然之理、自然之道也。顺自然之理而趋，遵自然之道而行，国则自治，人则自正，何须津津于礼乐而倡仁义哉？津津于礼乐而倡仁义，则违人之本性远矣！犹如人击鼓寻求逃跑之人，击之愈响，则人逃跑得愈远矣！

笔者：“信者不言，言者不信”；“知者不言，言者不知”。微言大义，字字珠玑，真可谓四两拨千斤。教育方面，您有什么主张？

老子：我主张认识、追求，实现“道”，培养具有“无为”品质的人就是教育的目的，一切思想和活动都围绕它展开。“道”的最本质的特征是“无为”，它包含“无事”、“无欲”等。具体讲，“无事”是顺乎自然，不勉强进行人为干预；“无欲”是除去私心杂念。生长万物而不据为己有，成长万物而不自居有功。

笔者：我们教学生学习什么呢？

老子：学习顺应自然，消解人类社会的纷争。具体如下。

第一，不争。这是一种完美的品德。如水帮助万物而不与万物相争，不自我表现，不自以为是，不自我夸耀，不自我矜持，不为天下先。

第二，知足。知道满足才不会遭受侮辱；时刻适可而止，才能避免遭到挫败。这样才能使自己生存长久。过分地爱名，就必定要付出重大的耗费；过分地储藏，就必定会造成大的损失。因为，纵欲是最大的罪孽，不知足是最大祸患，贪欲是最大过失。

第三，贵柔。我总结自然和社会现象盛衰之理，认为必须经常保持“柔”的状态。因为柔弱的东西是属于生长一类的，只有保持“柔”，才会永远充满活力，生机盎然。柔能克刚，如盛气凌人，锋芒毕露，宁折不弯，则易招灾惹祸。

第四，绝学弃智。知识是坏东西，它干扰了人们向“道”的最高境界前进，把“为学”与“为道”对立了起来。因为知识越多的人，思想越复杂，欲望越奢，能想出种种计谋来，这会仇人、伤人，同样，也会自伤。

笔者：您认为应采取什么样的教育方法？

老子：第一，“无为自化”。根据自然人性，“无为”言教，“自化”言学，强调充分发挥学生积极主动性的重要性。在教学过程中施不言之教，适时而言，适时而行。学生充分发挥想象力去观察，去体验，去分析，按着自己的本性去充分发挥，达到淳朴、敦厚却又能洞察自然、社会运行规律的境界。

第二，“不言之教”，强调身教重于言教。即以“不言之教”达到“不教而教”的目的和效果。少说，多做，身教示范，充分挖掘学生潜在的积极因素，善于发现学生的长处；顺势而为，因势利导，让学生在自然状态中主动地、自觉地学习。

第三，“谋于未发”，注重预防。“其安易持，其未兆易谋，其脆易泮，其微易散。”即事物在安稳时容易把持，变故无迹象时容易图谋，脆弱时容易消散，微细时容易散失。因此，在教学过程中，要善于把握学生，在学生形成不良行为前就纠正，杜绝学生不良行为习惯的养成，即“为之于未有，治之于未乱”。

第四，“图难于易”，循序渐进。“合抱之木，生于毫末；九层之台，起于累土；千里之行，始于足下。”“天下难事，必作于易；天下大事，必作于细。”人对知识系统的认知过程是一个由不知到知之甚少，由知之甚少到知之甚多的循序渐进的过程。在教学中要遵循“图难于其易，为大于其细”的原则，扎扎实实打好基础，点滴积累，汇涓成海，不可希图一蹴而就。

第五，因材施教。“物或行或随，或嘘或吹，或强或羸，或载或隳”，即事物的本性各不相同，有前行，有跟随，有煦暖，有吹寒，有刚强，有羸弱，有安定，有危险。人的性格各不相同，“上士闻道，勤而行之；中士闻道，若存若亡；下士闻道，大笑之。弗笑不足以为道”。因此，在教学过程中，应根据不同特点的人制订不同的教学内容和目标，不可千篇一律，要做到“高者抑之，下者举之，有余者损之，不足者补之”。

第六，从“道”出发，进行心理健康教育。如对个人而言，思想上淡泊名利、清心寡欲、虚静自守、包容一切；行为上要物我两忘、处下不争、柔弱守中，处于无欲无求的状态，待人不骄不躁、诚实谦虚，行不言之教、处无为之事。这样才能取得心灵的宁静，回归质朴的人性。同时，控制自己的欲望和喜怒哀乐的情感。心中欲望太多，喜怒无常是造成内心痛苦的根本原因。“祸莫大于不知足，咎莫大于欲得。故知足之足，常足矣。”

第七，闭目塞听，关闭引起私欲的邪恶之门；涤除玄鉴，心如明镜，就是既排除感性知识，也排除理性知识的内心的直觉。

还有，教师要以身作则感化学生。教师要让学生在自由活泼的生活中发展，不应当制订烦琐规章制度来束缚儿童天真活泼的本性。要用教师的高尚品德来影响学生，使学生的道德品质在生活环境中自然得到陶冶，要反对发号施令与空洞说教。

师生相互信任。教师首先要信任学生，相信每个学生都可以信赖。“是以圣人常善救人，故无弃人。”教师如果坚信每个学生都可以教育好，然后才会对每个学生想方设法进行教育，努力做到人尽其才。这是教师应具备的乐观主义精神，这样，教师对学生信任换来学生对教师的信任。师生相互信任，既是道德教育成果，也是道德教育手段。

“故善人者，不善人之师；不善人者，善人之资。不贵其师，不爱其资，虽智大迷，是谓要妙。”善人可以做不善人的老师，不善人可以做善人的借鉴。如果不善人不尊重善人为师，善人不吸取不善人的教训，这种人自以为聪明，其实是大糊涂。“为道”必须向一切人学习。不仅向善人学习，而且还要向不善人吸取教训。

笔者：这主要启示我们：“人法地，地法天，天法道，道法自然”，在教育中一切要按照教育本身的规律去做，切忌刚愎自用，主观行事。

老子：今天看来，我有许多不足。如顺其自然，其实应该包括合理的欲望，衣食住行自然合理，但我没有研究；不积累知识，就没有力量，就会受到有些败类的奴役。我没有向前看，结果，我反对孔子向后看——克己复礼，我自己也一样。

笔者：您真是上善若水！

只见白云缭绕，圣人白发，青牛相伴，老子去也。

这位中国历史上与孔子并称的圣人，谈锋稳健，我细细聆听并默默品味，久久感受着古圣先贤的胸襟和智慧！

二、访孔子

薄帘轻垂，柔光弥漫，一派和雅温文；几案寥廓，书香盈架，翰墨寸心，编钟垂挂，斗室无华。在我的想象中，一位身材魁梧、文武双全、颇有大师风范的身影渐渐在我眼前清晰起来。

这就是得到司马迁高度评价的孔子。“天下君王至于贤人众矣，当时则荣，没则已焉。孔子布衣，传十余世，学者宗之。……可谓至圣矣！”孔子（前551—前479年），名丘，字仲尼，春秋末期鲁国人，中国最伟大的思想家、哲学家、教育家，儒家学派的创始人。他的思想是中国传统文化的重要组成部分，对于中华民族共同心理的形成起着极大的作用，至今仍是海内外炎黄子孙联系的纽带。他是公认的最有影响的历史文化名人之一。

笔者：我是王土荣，您的崇拜者，从教已经39年，来自改革开放的前沿——广州。我想在有生之年进行一项“三千年教育思想巡礼”的采访行动，主题是对3 000年间中西方教育大师的教育思想进行继承与创新性开发，以引导现在及今后的教育实践。

孔子：我就是一直从古人的智慧中找到解决问题的方法，终身努力学习思考的，“吾非生而知之者，好古，敏以求之者也”（《论语·述而》）。我十分重视《诗经》《礼记》等经典的挖掘与研究，对中国古代教育内容的丰富和完善起到了重要的促进作用。人类的教育财富需要挖掘继承，这样才能创新与发展。

笔者：您在政治上失败的根本原因是什么？

孔子：您是个直来直去的人，问题非常尖锐，这是我的痛楚与辉煌。

我一生热衷于从事政治，怀有一腔报国之热血，自20多岁起，就想走仕途。我在小事上认真细致，如做季氏家里的一个仓库管理员，负责会计，做事勤劳，主人非常满意，但在这样的岗位上，受惠的人太少，无法成就大业。

我对天下大事非常关注，对治理国家的诸种问题经常进行思考，也常发表一些见解，30岁时，我已有些名气，也有了比较成熟的政治见解。35岁时，鲁国国君逃到齐国，我就跟着到了齐国，受到齐景公的赏识和厚待。

虽有过两次从政机会，我都放弃了。直到鲁定公九年，我被任命为中都宰，当时已51岁。随后被升为小司空，不久又升为大司寇，卓有政绩。鲁定公十二年，为削弱“三桓”，采取了“隳三都”的措施（即拆毁“三桓”所建城堡），行动半途而废，各种深层次矛盾也随之暴露。鲁定公十三年，君臣迷恋歌舞，不理朝政，我非常失望，季氏也不想再用我了，不得已的情况下，我离开鲁国，开始周游列国。

我到过许多国家，最高统治者对我始终是若即若离、敬而远之。68岁我被迎回鲁国，但仍是敬而不用。

人活在世上，一方面有命运，如你出生的背景，生长的环境，遇到什么高人、名师，不是自己可以控制的，它就这样发生了。另一方面是使命，看到天下很乱，因为了解过去怎么样才能安定团结，我就觉得自己有责任。

我的政治理想，有的已实现，这从我自己的实践中可看出。但有的未能实现，以失败告终。

我总结了历代圣明君主治国的道理，重在宽厚、诚信、勤敏、公允。治国的根本在于“人伦纲常”，即“君君，臣臣，父父，子子”。(《论语·颜渊》)君主必须像个君主，臣子必须像个臣子，父亲要像个父亲，儿子要像个儿子。事实上，不论处于什么时代都需要各在其位，各司其职。否则，国将不国，政将不政，社会将混乱不堪。治国的基本方法是“选才、富国、育人、立法”。治政思想是“学以致用”的。另外，政治是名利场，唯名利是图是根本的内容，拿到桌面上的都是冠冕堂皇的，实际做的都是名利纷争，需要巧言令色，需要太多的权谋与手段，甚至阴谋，我不是不懂，但不屑为之。

笔者：政治都是这么可怕吗？

孔子：自夏至周，没有例外，只是伟大的政治谋的是天下的大名大利，如果天子圣明，如周文王，自然国泰民安；天子如纣王，百姓就遭殃。我很向往这样的一种境界，有天子的位置，有圣人的德行，天下就可以达到安定团结。

笔者：您在教育上最欣慰的成就是什么？

孔子：有四点。一是终身自学，乐在其中；二是构建基础教育的基本体系；三是培养了72名贤人，3 000多弟子；四是发现并践行了一些符合教育教学规律的方法。

笔者：您的成就至今仍然具有强大的生命力。您构建的基础教育的基本体系包括哪些内容？

孔子：一是有教无类的教育思想。即受教育者不应分贵贱、贤愚，应该机会均等。这一主张是社会发展的要求，是教育思想的必然发展。

我生活在春秋末期，正是从奴隶社会向封建社会转变的时代，“学在官府”已转变为“学在四夷”。统治阶级垄断教育的情况不能继续下去了，士民要求接受教育的呼声越来越高。

我从自己的学习经历中体会到：“吾非生而知之者，好古，敏以求之者也。”人“性相近，习相远，学而后知”，任何人只要受到良好的教育都可以成为圣人。

笔者：您的教育思想符合社会发展要求，“学而后知也”是符合科学道理的。

孔子：我的学生有贵族子弟，有附近的亲戚朋友，年纪最大的是颜渊的父亲颜路，而子路比我小9岁。颜路、曾点、子路、伯牛、冉有、子贡、颜渊等，是较早的一批弟子。连鲁大夫孟僖子的儿子孟懿子和南宫敬叔都来学礼。

笔者：您身体力行，在教学实践中贯彻了自己的主张，这打破了教育的等级界限，扩大了教育对象，使教育扩及于广大平民，将我国教育的发展推上了一个新的台阶。第二方面的内容是什么？

孔子：二是教育目的。就是培养有道德修养，又有治国能力的人，这种人具有高尚的道德，具有仁义之心，可以为当时的社会服务，同时，也用仁义礼净化人们的灵魂，协调人们的社会行为。

我主张实行“仁政”。只有受过良好教育和具有治理国家的能力，并有高尚道德的人，才能担此重任。因此，必须培养人才，他们应具有最高尚的道德，即“中庸之道”。所谓“仁”，即“克己复礼”，也就是说能够用礼来约束自己，就能够做到“非礼勿视，非礼勿听，非礼勿言，非礼勿动”。仁也是“爱人”，“己欲立而立人，己欲达而达人”。自己要站得住，同时也使别人站得住，自己要事事行得通，同时也要使别人事事行得通。能够就眼前的事情一步步地去做，就可以说是实践仁政的方法了，最理想的是能广泛地给人民以好处，又能帮助大家生活得很好。

笔者：由此可见，“仁”，并不是讲空道理，而是做能够实际做到的、身体力行的好事。

孔子：三是教育的作用。教育是立国之本，应放在治国的首位。我认为治理国家最根本的要靠教育，如果只靠政令、刑法去治理国家，百姓只能被动地去遵纪守法，而不能够有廉耻之心，不懂得为什么要自觉地去遵纪守法，是不能够达到治理国家的目的的。只有教育能够使人民用礼法约束自己，懂得言行的规范，能够自觉地遵纪守法。

笔者：第四是教育的内容吧，主要有哪些？

孔子：对，四是教育的基本课程及内容。我主张学习要博、要广，不能偏颇、单一。既要学好课程，还应在文化知识、品德修养、忠诚笃厚、坚守信约方面丰富自己的学习内容。

可以从不同的角度概括教学内容。

一是文、行、忠、信。以文学、品行、忠诚和信实教育学生，是指教学内容包括四个基本方面。

二是礼、乐、射、御、书、数“六艺”，是指教学的主要科目。

三是《诗经》《尚书》《礼记》《乐经》《周易》《春秋》“六经”，它们是我使用的基本教材。

可以说，我的教学内容包括道德教育、文化知识和技能技巧的培养三个部分。

我的教学内容有三大特点。其一，偏重社会人事。我的教材，都属于社会历史政治伦理方面的文化知识，注重的是现实的人事，而不是崇拜神灵。我虽不是无神论者，但对鬼神持怀疑态度。我不谈“怪、力、乱、神”，不宣传宗教迷信思想，不把宗教内容列为教学科目，这也是中国古代非宗教性教育传统的开端。其二，偏重文事。我虽要求从政人才文武兼备，但在教学内容的安排上，仍是偏重文事，有关军事知识技能的教学居于次要地位。其三，轻视科技与生产劳动。我所要培养的是从政人才，不是从事农工的劳动者，不强调掌握自然知识和科学技术，既没有手工业技术可传授，也没有农业技术可传授。我认为社会分工有君子之事，有小人之事，君子与小人职责不同，“君子谋道不谋食”，君子不必参与小人的物质生产劳动，所以我从根本上反对弟子学习生产劳动技术，比如樊迟要学种田、种菜，被我当面否决。

我根据自己的教育目的确定教育内容，主要就是文化知识、社会实践、对人忠诚和讲究信用。

最重要的是道德修养，在家孝顺父母，外出敬爱兄长，不多说话；说则诚实可靠，博爱大众，亲近有道德的人；在有余力的时候，就去学习。首先要学习礼，不学习礼，就没有道德标准，就失去了立足社会的根本。“不学诗，无以言”，因为“诗可以兴，可以观，可以群，可以怨；迩之事父，远之事君，多识于鸟兽草木之名”。特提出人的修养“兴于诗，立于礼，成于乐。”

笔者：您的教育内容十分丰富，有利于实现教育目的。您还特别重视教学实践，使学生能够通过实践去理解道理，并提高实践能力。您培养人才的主要标准有哪些？

孔子：我办学，先后培养学生 3 000 余人，最有出息的为 72 人，被后世称为“七十二贤人”。最好学的是颜回。颜回在物质上不如其他人，但精神富足是其他人望尘莫及的。“一箪食，一瓢饮”，住在小巷子里，别人都受不了那穷苦的忧愁，颜回却不改变他自有的快乐。作为平民百姓的子弟，就此有了立世的根基与底气，跛扈的贵胄也不得不对平民的知识分子怀着几分敬重与胆怯。

“不堪其忧”是心境开阔的延伸，是淡定从容的接续，他的“不改其乐”是勤于学习，学中有乐。

闵损，以德行著名，我称其孝。不仕大夫，不食污君之禄，品格很高。

冉求，有才艺，以政事闻名。

子路，性鄙，好勇力，性耿直，我容而爱之。

宰予，口才极好，巧舌如簧。

子贡，精通经济，善做生意。

子游，以文学著名。

子夏，于西河行教。治学严谨，敢于怀疑经史之谬误。

子羽，为人率直重诺。

子贱，有才智，仁爱，是君子。

子思，清静守节，安贫乐道。

子长，大肚量，能忍人所不能忍之耻辱。

子容，以智自将，世清不废，世浊不污。

公皙哀，鄙天下人多污身以事大夫家，不愿屈节做人家臣。

子羔，身长不足五尺，相貌丑陋。明大义善保身。

子开，习《尚书》，不乐仕。

……

我的学生来自各个诸侯国，有齐、鲁、宋、卫、秦、晋、陈、蔡等；成分复杂，出身于不同的阶级和阶层。

笔者：这就是教育家的宽大胸怀及高超善化的教育艺术。

孔子：我一生不得志，就把志道、弘道的希望完全寄托在弟子身上，并体现为学生学习的目的。教育学生“人能弘道，非道弘人”，“志士仁人，无求生以害人，有杀身以成仁”。

笔者：您在教育实践中发现了符合教育规律的教育方法与学习方法。

孔子：对，这里面包含两部分，一部分是教育方法，另一部分是学习方法。

教育方法包括以下几点。

一是因材施教。“中人以上，可以语上也；中人以下，不可以语上也。”也就是说，对于中等才智以上的人，可以和他谈论高深的道理；对于中等才智以下的人，不可以和他谈论高深的道理。我在教育实践的基础上，创造了因材施教的方法，并作为一个教育原则，贯穿于日常的教育工作之中。

我因材施教的前提是承认学生间的个别差异，并了解学生的特点。了解学生最常用的方法有两种。第一，通过谈话。“不知言，无以知人也。”有目的地找学生谈话，可以个别谈话，也可以聚众而谈。如有一次，我有意识地向子路提出一个假定性的问题：“道不行，乘桴浮于海。从我者其由与?”子路并未说话，仅以高兴默认，我就知道“由也好勇过我，无所取材”。第二，个别观察。我通过多方面观察学生的言行举止，由表及里地洞察学生的精神世界，因为要单凭公开场合的表现进行判断还有片面性，应“听其言而观其行”且“退而省其私”；只凭一时的行为进行判断还不够，还要“视其所以，观其所由，察其所安”，就是要注意学生的所作所为，观看他所走的道路，考察他的感情倾向，这样可以把一个人的思想面貌了解透彻。我在考察人的方面积累了很多经验，不同的事务不同的情境我都可以考察人的思想品质。

例如，冉求办事畏怯，所以要鼓励他；子路胆大过人，自以为是，所以要故意抑制他。在《诗经》《尚书》《礼记》《乐经》《周易》《春秋》的教学中，《诗经》《尚书》《礼记》《乐经》为学生使用的普通教材，《周易》《春秋》比较艰深，只有少数高才生才学。

二是学思结合，知行统一。在教学中，我把“学而知之”作为根本，即知是由学而得的。学，不仅是学习文字上的间接经验，而且还要通过见闻获得直接经验，两种知识都需要。我提出“博学于文”，“好古，敏以求之者也”，偏重于古代文化、政治知识这些前人积累的间接经验。还提出“多闻，择其善者而从之，多见而识之”。

我重视学，也重视思，主张学思并重，思学结合。我在论述学与思的关系时提出：“学而不思则罔，思而不学则殆。”（《论语·为政》）我既反对思而不学，也反对学而不思。

我还强调“学以致用”，要将学到的知识运用于社会实践之中。同时强调“笃行之”，努力践履所学，做到“知行合一”。

三是启发诱导，循序渐进。我坚持：“不愤不启，不悱不发，举一隅不以三隅反，则不复也。”愤与悱是内在心理状态在外部容色言辞上的表现。就是说，教学，事必先让学生认真思考，已经思考但还想不通，可以去启发他；虽经思考并已有所领会，但未能以适当的言辞表达出来，此时可以去开导他。教师的启发是在学生思考的基础上进行的，启发之后，应让学生再思考，获得进一步的领会。我在启发诱导、循序渐进的教学中常用的方法有三种，即由浅入深，由易到难；能近取譬，推己及人；叩其两端，攻乎异端。

四是教学相长。我认识到教学过程中教师对学生不是单方面的知识传授，而是可以教学相长的。我在教学活动中为学生答疑解惑，经常进行学问切磋。不但教育了学生，也提高了自己。

五是学而不厌。教人的前提条件是教师必须具有深厚而广博的知识，教师要尽自己的教育职责，必须重视自身的学习修养，特别是掌握最新的知识，这就需要乐于学习、终身学习。

六是诲人不倦。我 30 岁左右开始办学，40 多年不间断地从事教育活动，就在从政的 5 年间，仍然从事教育教学；周游列国时，也四处讲学。有的学生品德很差，起点较低，或屡犯错误，我也不会嫌弃，耐心指导，将其培养成才。我认为自己对学生高度负责，真正做到了诲人不倦。

七是以身作则。我对学生的教育，不仅有言教，更注重身教。通过严以责己，以身作则来感化学生。我在不同场合多次阐述这个观点，如“躬自厚而薄责于人”，“君子求诸己，小人求诸人”。“政者，正也。子帅以正，孰敢不正?”“其身正，不令而行；其身不正，虽令不从。”“苟正其身矣，于从政乎何有？不能正其身，如正人何?”

学习方法如下。

一是“学而时习之”(《论语·学而》)，“温故而知新”(《论语·为政》)。

二是学思结合，勇于实践。“学而不思则罔，思而不学则殆”，只读书而不思考就会感到迷惑，只是空想而不读书就会精神懈怠。要把学习积累和钻研思考相结合，不能偏废。

三是精益求精，“如切如磋，如琢如磨”，反对一知半解，浅尝辄止。

四是“循序渐进”。

笔者：这些宝贵的经典方法，至今为我们所用。

孔子：其实，我的教育思想体系还有学习要求。

笔者：那就是第五方面了，能否继续说说?

孔子：可以，我的学习要求如下。

一是明确学习的目的。我认为，学习重点在“学以致用”。如果熟读《诗经》三百篇，交给他政治任务，却办不成；派他出使到外国，又不能独立应对；虽然书读得很多，又有什么用处呢？所学理论无法和实际结合，没有意义。读书的目的，不在于死记书本，而在于应用，在于实践，在于举一反三，灵活运用知识。

二是端正学习的态度。我认为，追求学问首先在于爱学、乐学，这是关键。“知之者不如好之者，好之者不如乐之者。”(《论语·雍也》）真正爱好它的人，为它而快乐的人才能真正学好它。我赞扬的颜渊就有这种发愤好学的精神。要成为君子就必须热爱学习，我提出“仕而优则学，学而优则仕”，是说去做官的人要想取得优异的成绩就应该不断地学习，学习成绩优秀了，那才能去做官。我把做官和学习直接联系起来，认为只有学习好了才能去做官，要想把官做好也必须学习，尽管这句话人们有不同的解释，但我主张治理国家的人一定要重视学习。如果由我去选择人才，我主张用先学了礼乐知识的人，而不用做了官才去学习的人。

三是要"默而识之，学而不厌"(《论语·述而》)，即学习要有踏踏实实的精神，默默地记住学到的知识，努力学习而不满足。

四是专心致志，知难而进。"士志于道，而耻恶衣恶食者，未足与议也"(《论语·里仁》)，即读书的人要立志于追求真理，要专心致志，不要为世俗所累。追求学问是一个艰难的过程，要敢于知难而进，事实上，我自己就是"发愤忘食，乐以忘忧，不知老之将至云尔"(《论语·述而》)。

五是要虚心求教，不耻下问。"三人行，必有我师焉。择其善者而从之，其不善者而改之。"(《论语·述而》)应随时随地注意向他人学习，取人之长，补己之短。"敏而好学，不耻下问。"《论语·公冶长》"见贤思齐焉，见不贤而内自省也。"(《论语·里仁》)

笔者：您觉得您教育成功的根本原因是什么？

孔子：最根本的是一生学而不厌，诲人不倦。

我生长于当时的文化中心——鲁国，在周礼的熏陶下，6岁"为儿嬉戏，常陈俎豆，设礼容"。15岁时，就确立了坚定不移的学习志向，当时没有多少人能够一辈子热爱教育、潜心研究教育的。我在30岁左右，创办私学，开始了教育生涯。在我看仓库和当官的那几年，我都没有放弃学习，开展教育工作。在鲁国从政和周游列国期间，我不断广收弟子，随时随地讲学，前后从事教育工作43年。

我望着孔子渐渐远去的身影，敬佩之情油然而生。孔子不仅思路清晰、明察秋毫，而且谈吐幽默、极具长者风范，对教育问题有感而谈，言谈间全都渗透着深厚的学养与精辟的见解。

司马迁曾经追问过：孔子没有什么惊天动地的事业，为什么可以得到学生这样发自内心的敬重呢？他并没有什么权势，更不要说财富了。究其原因，在于他删《诗经》《尚书》、定《礼记》《乐经》、赞《周易》、编《春秋》，把古代的经典全部整理好，融入自己高尚的人格，将古老的资源变成教育的教材，自己也变成了经师与人师，学生跟孔子在一起，会觉得自己得到了非常宝贵的生命的启发。

一个人只有一生，这一生，任何人不能选择时代，不能选择社会，但是可以选择怎么样造化自己，让自己的生命不断地充实、不断地成长、不断地奉献。

当我们摆脱了形而上学的思维方式，真正确立唯物辩证的思维方法，并用它剖析中国传统文化的时候，就会发现孔子思想的精华，即使在今天仍具有一定的借鉴意义和时代价值。

三、访墨子

墨子（约前480—前420年），名翟，春秋末期战国初期的思想家、教育家，墨家学派的创始人。

笔者：您是伟人，有独立的思想，热爱教育，具有先进的科学发现与发明，我很想了解您的成长过程。

墨子：我出生在古代文化科技最先进的鲁国，父亲是位能工巧匠，母亲贤惠。文化环境的影响和良好的家庭教育，加上勤奋，我很快学会了木、车、皮革、制陶、冶金等手工艺。同时，我到处拜师求教，学习文化科学知识，逐渐成长为一位既有理论知识、又有实践经验的人。

战国初年，继儒家之后，我创立了“墨家”，主要代表“农与工肆之人”，在私学勃兴的时代，儒墨是并立的两大“显学”。

笔者：墨家的主要诉求是什么？

墨子：我们要求举贤任能，打破等级特权；主张节俭，抨击王公大臣的享乐腐化；反对侵略战争，倡导兼爱和平；期望建立一个

"饥者得食，寒者得衣，劳者得息"的社会。虽然对奴隶制有所不满，但不主张暴力，希望通过改良的方式来达到自己的目的。我们在思想上仍然拥护宗教，相信天命论，主张调和。后期，我们更多地代表下层手工业者。我们在思想上倡导唯物主义的自然观、经验主义的认识论，总结并系统传授自然知识和科学技能。

笔者：都在鲁国，墨家与儒家为什么不合为一家？

墨子：我好学深思，苦读博览，最初就是学习古代传统文化和当时有影响的儒学，曾跟周朝礼仪史角的后代学习周礼。在学儒的同时，我认为儒家"亲亲有术，尊贤有等，强执有命，繁饰礼乐"；"其礼烦扰，厚葬靡财而贫民，（久）服伤生而害事"，将劳民伤财而没有实际效用的礼节强调到空前的高度，而对国计民生和科技发明却置之不理，只好分道扬镳。

笔者：墨家的主张是什么？

墨子：我们根据自己的思考，提出了独特的学术观点和系统的学说，主要内容有兼爱、非攻、尚贤、尚同、节用、节葬、非乐、非命、天志、明鬼十大主张。

笔者：您和鲁班齐名，都博识且多才，掌握了高超的制作技术，为什么墨家不以科技发明为目标，而是使墨家学派成为中国最早的民间武装团体？

墨子：我们重视实践，也重视理论，更强调科技。但我们在社会中处于底层，基本是到处流动，分散求生，小组劳作，常常受到官僚富商、地痞流氓的欺负与打压，有时连生存都没有保障，更没有一点政治权利，改变这种状况，仅靠说教不行，还必须有坚强的实力做后盾，于是，我组建了有纲领、有组织和纪律严密的墨家团体。纲领是实现"义"，要求成员身穿粗布衣，脚蹬木屐子，以自苦为荣；有知识和专业技能，还要接受军事训练，并随时准备打仗，为实行"义"的事业献身。可以说，墨家学派是中国最早的民间武装团体。我们以教育作为推行政治主张的重要手段，兢兢业业地进行“上说下教”，目标是建设一个民众平等互助的兼爱社会。

笔者：您广收门徒，大办教育，目的是什么？

墨子：目的是培养“兼士”，即培养理想社会需要的人才，以实现“贤人政治”。这种人才必须符合三条标准，即“厚乎德行”、“辩乎言谈”、“博乎道术”。也就是说，这种人才必须具有深厚的道德涵养、符合逻辑的言谈举止和宽广深厚的理论功底。

墨家的“兼士”与同时代儒家的“君子”在外表与内质上有很大不同，“兼士”反映了小生产者的平等理想，“君子”是五谷不分的克己复礼的雅士。这是完全不同的人格追求。

我们主张以教育为实现政治主张的重要手段，倡导“有道相教”。认为“教人耕”则其功多，“教天下以义者，功亦多”，“行说人者，其功善益多”。针对“今天下莫为义”，“耕者寡”，还提出了强行说教的要求，以勇于献身的精神积极任教。

强力说教必须与强力为学紧密结合，主张人人必从学，而且也极重视平民百姓的学习。

笔者：这是当时的义务教育。墨家有自己的理念，具有变革现实社会的美好愿望，又有高尚的理想境界和道德情操，还具有相当的技术本领和实干苦干精神，生命力自然旺盛。您的教育内容是什么？

墨子：我的教育内容全面丰富，门类众多，涉及道德、逻辑、语言、生产劳动及其技能、科学技术、军事、数学、几何、力学、光学等诸多方面，几乎涵盖了文史知识和自然科学方面的知识和技能。这里我说主要的。

一是政治和道德教育。提出了一种新的主张——兼爱论。这完全否定了宗法式的伦理关系，把“爱”作为一种超越一切社会规范、可以涵盖各种社会关系的新的伦理观念提了出来。我们视“兼爱”和“义”为最高的道德理念，希望消灭战乱，认为天下百姓应该在一个没有战乱的环境中安居乐业。“爱无差等”，要求“视人之国，若视其国；视人之家，若视其家；视人之身，若视其身”。在爱他人和自己的父母上，也不应有先后、亲疏的差别。这是我开出的医治社会混乱的药方。

笔者：兼爱，与儒家爱有差等的思想不同，是对孔子倡导的宗法道德的突破。当时虽未实现，但具有重大意义，现在成了当今世界人们处理个人与国家相互关系的理想准则。

墨子：二是节用教育。我以自苦为极，一生节俭，反对浪费，“凡足以奉给民用，则止；诸加费不加于民利者，圣王弗为”。节俭原则就是民用和民利，即有利于老百姓的日常生活，统治者如果能从百姓的直接需要和利益出发，减少与民无利的开支，百姓就会安居乐业，国家就会国富民强。

三是进行逻辑思维训练。我所说的“辩”学，就是今天的逻辑学。在学生的论辩才能和逻辑思维的培养方面，强调形式逻辑、归纳与演绎相结合。“察类明故”，并把假言推理、选言推理和归纳并列使用。讲求以理服人，追求思辨技巧，言行有据。包括思想方法、形式逻辑以及辩论才能的教育。

我对三种思维训练都有所论述，主要以逻辑思维训练见称。“夫辩者，将以明是非之分，审治乱之纪，明同异之处，察名实之理，处利害，决嫌疑焉。”这揭示了辩的目的、作用。“摹略万物之然，论求群言之比”指出辩的基本原则：应遵从客观万物的规律进行分析比较，体现了墨辩的唯物主义精神。“以名举实，以辞抒意，以说出故，以类取，以类予”概括了墨辩的基本内容与方法，表述了墨家关于概念、判断、推理的规定，以及演绎与推理的含义。“有诸己不非诸人，无诸己不求诸人”，指出了论辩争鸣的道德准则。形式逻辑的训练不仅提高了墨门弟子在政治、学术斗争中的能力和水平，而且还为他们掌握自然科学知识提供了重要的方法。

训练中，让学生认识物质变化的复杂性，告诉他们相同的原因可以引起不同的结果，不同的原因又可以引起相同的结果。还指出物体属性的变化（即质变）与其量变存在辩证关系，量变达到一定的程度，能使无法比较的物质产生可比性。如曲和直，一般来说不能比长短，但当曲线极小的一段，近乎直时，就有了比较的条件。这些精彩的辩证观，可培养更富创造性的人才。

笔者：您提倡亲知、闻知、说知，并鼓励自悟，兼及多种形式的思维训练，这是考察历史、社会和实践检验的方法，体现了实事求是的精神。

墨子：四是重视劳动教育。我认为人与禽兽的区别在于：禽兽只能利用自然条件而生存，而人类却靠生产劳动维持生命。劳动，既有“耕稼树艺”的物质生产活动，又有“听狱治事”的精神活动。

笔者：您是先秦诸子百家中唯一强调劳动教育的。

墨子：劳动是人类生活的特征，“赖其力者生，不赖其力者不生”。上下、尊卑、贵贱的等级是客观存在的，但无论哪个等级的人，不劳动或轻视劳动都是不应该的。在劳动意义上，人是平等的。

笔者：我认为您的科技教育也是世界一流的。

墨子：科技教育的主要内容涉及数学、光学、力学、机械制造等方面，有较高的系统性和专业性。如光学知识，就介绍了光、物、影三者的复杂关系，以及平面镜、凹面镜、凸面镜中物与像的关系。力学知识包括力的定义、杠杆与衡器的利用及浮力、惯性等；几何学内容有点、线、面、方等。自然内容也很精彩，包括时间、空间，物质运动、物质变化等项。还有专讲战争攻守的机械制造。

笔者：您的学校课程有哪些？

墨子：公共必修课有《诗经》《尚书》《春秋》以及《墨经》。获得基础知识后，再分为三科：能谈辩者谈辩、能说书者说书、能从事者从事，根据学生的能力、爱好、特长编班，或入文科，或入理科，或入军工科。所教学科大体包括哲学、宗教、伦理、教育、天文、数学、物理、应用科学、军工科学、政治、经济、外交等。

笔者：再说说您的教育方法吧！

墨子：好的。我的教育教学方法带有鲜明的学派特色，具体如下。

第一，强调教学相需，也鼓励主动施教。我认为："唱而不和，是不学也。智少而不学，必寡。和而不唱，是不教也。智多而不教，功适息。"另外，强调学生的知识和心理准备固然不错，即使学生不来请教，教师应该以教人为己任，主动地上门去教。反对怠惰，鼓励学生积极有为。

第二，引导学生"明故"，遇事总要问一个"为什么"，以激励学生广搜博采，积极探索。

第三，孔子提倡"述而不作，信而好古"，我认为，不述又不作，不对；而只作不述，也是错误的；仅述不作，和只作不述同样是不应该的。正确的态度是：对于过去好的东西要继承，对现在有价值的就应当创造。这样才能使全人类的知识不断增进。我结合中国科技发展的史实，倡导科技人才树立创造精神，主张"述而且作"，因为作著的过程，也是升华的过程。

第四，言行一致。"言必信，行必果，使言行之合，犹合符节也，无言而不行也。"我认为，凡是说话不守信用，心无诚意，在行动上必然不果断，即所谓的"言不信者，行不果"。学术研究也一样，要强调实践，知识是从对客观事物的感知得来的。

第五，因材施教，量力而行。我认为一个学生的精力是有限的，难以同时进行几个方面的学习，所以就应该量力而学。对教师而言，必须充分考虑学生的年龄阶段、知识结构和心理发展上的阶段性特点和个体差异，从而对学生实施既因材又量力的教育。"子深其深，浅其浅，益其益，尊其尊"，即对程度深的学生，教亦可深，程度浅的则教得浅一些；并根据学生的接受能力和程度，该增添内容的就增添，该删减的便减少。以工匠制器须顺物性，教师育人也应各因其性。顺性施教的目的是“各尽其才”，所以，应注重发展学生的特长，使“能谈辩者谈辩，能说书者说书，能从事者从事”，为社会培养各类人才。

第六，我们强调环境对人的个性形成的作用，肯定个人是教育环境的产物。“染于苍则苍，染于黄则黄，所入者变，共色亦变。五入必，而已则为五色矣。故染不可不慎也。非独染丝然也，国亦有染。”否定了贵族和庶人天赋不等的陈腐观念及孔子“唯上智与下愚不移”的偏见。

墨子的教育思想独树一帜，创立了以“墨辩”为体系的思维训练经验，形成了注重实践的教风，倡导了功利主义的道德评价标准，实行了科技教育，与生产实践和科学实验相结合的职业教育，其理论水平和实用价值都在先秦各家之上，有的还远远超过了当时的西方，是我国古代文化教育的瑰宝。可惜，我们没有将墨学继承下来，更没有发扬光大。

四、访孟子

孟子（约前372—前289年），名轲，字号子舆，战国时期邹国人，伟大的思想家、教育家，儒家学派的代表人物，与孔子并称“孔孟”。

凭着“民为贵，社稷次之，君为轻”的著名论断，我对孟子充满了无限的敬意，但比孔子晚出生的孟大师，仍然在147年后，走着孔子周游列国，希望得到重用而又得不到重用的老路，这就使我大惑不解了。另外，虽然教学方法日趋完善，但他没有培养出杰出的人才，也是一个百思不得其解的问题。带着问题，我来到了孟子的面前。

笔者：孟大师，您是中国古代的大思想家、政治家、教育家，也是公认的教育大师。我非常钦佩您。

孟子：我一生从事教育工作，“得天下英才而教育之，三乐也”。特别是晚年还乡，我专意讲学，与弟子公孙丑、万章等编成

《孟子》一书，学生众多，也算略有功德。

笔者：您的教育思想在今天仍影响深远，您的中华文化地位仅次于孔子。

孟子：我继承了孔子的优秀成果，创造性地完成了自己的教育理论体系。

笔者：可以具体谈谈吗？

孟子：我常常叹息自己出生太晚，“未得为孔子徒也”；“乃所愿，则学孔子也”。实践中，我发展了孔子思想。例如，在“诚”本体基础上，构筑起包括天道观、性善论、仁政说、英雄史观的思想体系；又在新提出的性善论的基础上，发展出“心性之学”。

笔者：您的教育思想的理论基础是性善论吗？

孟子：是，孔子曾提出“性近习远”，我发展为性善论。我根据“人皆有不忍人之心，今人乍见孺子将入于井，皆有怵惕恻隐之心，非所以内交于孺子之父母也，非所以要誉于乡党朋友也，非恶其声而然也”；还有“人之所不学而能者，其良能也；所不虑而知者，其良知也”等来认定人的本性是善的。

笔者：您认为教育的作用是什么？

孟子：从国家和社会角度来说，教育是“行仁政”、“得民心”的大事。“善政不如善教之得民也。善政，民畏之；善教，民爱之。善政得民财，善教得民心。”民心向背决定治国的根本，我的“民为贵，社稷次之，君为轻”的论断，是我研究了历史的许多事件后得出的。

笔者：您揭示的“上无礼，下无学，贼民兴，丧无日矣!”真的是一言中的。

孟子：行仁政要“制民恒产”，“省刑罚，薄税敛”，让百姓过上安居乐业的日子，同时，通过教育，使百姓树立起人格追求的自觉性，使社会形成良好的道德风尚。因为“有恒产者有恒心”，如果“饱食暖衣，逸居而无教，则近于禽兽”。

笔者：您把教育、经济与人民物质生活联系起来，教育思想就更加全面了。我很想听听您从“人”的发展角度谈谈教育的作用。

孟子：从人的发展说，教育是保存和扩充人的善端，形成高尚人格的决定力量。我认为“仁义礼智根于心”，“非由外烁我也，我固有之也”。但天赋于人的只是善端，而非道德；况且，人受环境影响，善端遭陷溺就会变为不善。教育的作用即在于促进人对自身固有善端的体认，获得道德修养的主体意识，保存、扩充和发展善端，成为贤人。

笔者：您的教育目的是什么？

孟子：是“教以人伦：父子有亲、君臣有义、夫妇有别、长幼有序、朋友有信”。“明人伦”，可以使学生懂得并遵守维护社会尊卑、贵贱、男女、长幼、朋友关系的封建道德规范，培养自觉服从社会人与人之间的秩序。

笔者：您特别强调道德教育和思想修养，为什么？

孟子：我的道德教育和思想修养以“存心养性”为核心。我把存心、求放心当作教育的任务和个体修养的内容，“仁，人心也；义，人路也。舍其路而弗由，放其心而不知求，哀哉！人有鸡犬放，则知求之，有放心而不知求！学问之道无他，求其放心而已矣。”“养心莫善于寡欲”，因为心是善之本，也是人体的“大官”。“心之官则思”，存心才能获得对善的理性自觉。人欲则源于耳、目、口、鼻、舌等感觉器官。人的感觉器官属“小官”，没有理性，不能辨别是非，只是追求享乐，一遇外物便被引向迷途，成为存心的障碍。

笔者：存心寡欲的人可以追求高尚的精神生活，贪图物质享受，会妨碍精神境界的提高。但完全没有物质享受，就变成无法达到的空想，不如墨子的义利共生。同样，它强调思维对道德修养的重要性，要求树立对道德的理性自觉，是合理的因素。但轻视感性认识，割裂理性认识与感性认识的联系，就缺乏科学与人性了。

孟子：对，不够辩证。我谈第二方面，立志养气。具有仁义理想的人，有一种高尚的精神力量，能把生死、荣辱、苦乐置之度外，可舍生取义，可做到“富贵不能淫，贫贱不能移，威武不能屈”。我还经常自豪地说：“吾善养吾浩然之气。”当然，这需要正义行为的不断积累，而非一时一事所能成就。

笔者：这方面我们学得最多。

孟子：第三，处理人际关系时，我根据孔子“君子求诸己”的要求，提出“反求诸己”，“亲人不亲，反其仁；治人不治，反其智；礼人不答，反其敬；行有不得者皆反求诸己”。一般说来是会得到相应的对待的；而一再反躬自求，确实相信自己没有不足，这时如对方仍以“横道”待我，那就只好把他看作禽兽，对禽兽则不必计较。另外，“祸福无不自己求之者”，一个人要“自求多福”，不可自暴自弃。

笔者：这对于认识人的主体作用，发挥主观能动性是有积极意义的。

孟子：在道德修养上知耻，要磨炼意志。“人不可以无耻，无耻之耻，无耻矣。”要像子路那样闻过则喜，像大禹那样闻善言则拜。要与人为善。

“天将降大任于斯人也，必先苦其心志，劳其筋骨，饿其体肤，空乏其身，行拂乱其所为，所以动心忍性，曾益其所不能。”我强调的是让学生自觉地刻苦磨炼。

笔者：您的教育方法呢?

孟子：我的教育方法主要是继承孔子的。一是启发式教学。孔子最先提出启发教学原则，我更加强调启发学生学习的主动性和积极性。学生要自求自得，教师不应代替学生思考和做结论，也不应降低对学生的要求。“君子引而不发，跃如也。中道而立，能者从之。”我在教育实践中，善于使用问答法达到自己预期的效果。善于用比喻，使学生容易明白我所讲的道理。我千方百计让学生学得主动，时时开动脑筋，不盲目相信别人的结论，也不尽信《尚书》，要存疑，并以之作为启发思维的起点。

二是深造自得。我认为“万物皆备于我矣”。只要自己自觉体认，积极思考，便会获得知识，即“思则得之，不思则不得也”，知识的学习，并非从外而来，必须经过自己主动自觉地努力钻研，才能彻底领悟。既然万事万物的道理都在我心中，那么只有自求自得，才能深入心通，心有所得，达到运用自如的地步。

三是因材施教。学生的素质、才能和学习态度、条件等是有差异的，教师应当针对不同类型学生采取不同的教学方式、方法。当然，因材施教的结果是达到统一要求与标准。

四是循序渐进。必须反对急躁等，因为“其进锐者，其退速”。

五是持之以恒。必须反对“一曝十寒”、半途而废。学习要有成效，还必须做到专心致志。如二人从弈秋学艺，有意注意与无意注意以及注意的分配不同，学习结果就大不相同。

六是由博返约。“博学而详说之，将以反说约也。”广博地学习，详细地解说，在融会贯通之后，再回到简略地述说大义的地步。

七是以意逆志。我告诉咸丘蒙：《诗经》的普天下没有一块不是天子的土地，环绕土地四周没有一人不是天子的臣民，是说作者本人勤劳国事，以至于不能奉养父母。这些事没有一件不是天子之事呀，为什么独我一人劳苦呢？解说《诗经》的人，不要拘于文字而误解词句，也不要拘于词句而误解原意。要用自己的切身体会，去推测作者的本意。

八是知人论世。要联系作者的生平和思想、作者所处的时代环境来理解具体的作品。文章是一定社会生活在作者头脑里反映的产物，离开作者的思想和时代背景，很难对作品做出正确理解。

笔者：这些都是体现教育教学规律的方法，只要教育存在，这些方法就将永远是学习的津梁。

五、访荀子

荀子（约前 313—前 238 年），名况，战国末期赵国人，著名的思想家、文学家、政治家、教育家，儒家代表人物之一。曾三次出任稷下学宫的祭酒。李斯、韩非都是他的学生。

笔者：荀子大师，我知道您学问博大，思想丰富，您一生都从事教育和学术活动，在长期的教育实践活动中，不仅积累了丰富的经验，而且融合诸家思想形成自己独特的教育观，能否谈谈您的教育思想？

荀子：我先说自己的教育理论吧，我认为人性是恶的，人之所以能尊尚道德，做些好事，就是由于加强对他们教育的结果，使他们变恶为善。

笔者：您的教育方法呢？

荀子：我的方法主要如下。一是学思行结合。“吾尝终日而思矣，不如须臾之所学也”，学是思的基础，思是学的深入，学思精通则知之明，“知明而行无过矣”。思是学与行之间的关键，学不思者则不明。因此，做学问，不能仅仅是博学多能，最重要的是有超常的理性判断能力。标准就是“礼”，不能不求本义和纲领的多重标准。“不闻不若闻之，闻之不若见之，见之不若知之，知之不若行之。学至于行之而止矣。……故闻之而不见，虽博必谬。见之而不知，虽识必妄；知之而不行，虽敦必困”（《荀子·儒效》），经过学习，掌握知识，就要利用知识，改造自然。践行更加重要。实践可以获得效益、检验理论，更可以提升自己。

二是学以致专，贵在持之以恒。“学不可以已”，就是学习不允许间断或停止，这是我在总结学习经验中提出的论断。在具体指导学生的学习时，则要积微见著，积善成德，教导学生持之以恒。“不积跬步，无以至千里；不积小流，无以成江海。骐骥一跃，不能十步；驽马十驾，功在不舍。锲而舍之，朽木不折；锲而不舍，金石可镂。”坚持是必要的，但目标要明确，方向对头，绝不能见异思迁。如果用心不专一，学习就不会有太大的收获。

三是尊师重道。我认为教师工作崇高而伟大，只有儒者和君子、圣人来承担；教师是以礼义来教化士农工商的工作者。因此，要特别强调教师的地位与作用。“天地者，生之本也；先祖者，类之本也；君师者，治之本也。”“天地君亲师”是“礼之本”。“礼者，所以正身也；师者，所以正礼也。无礼何以正身？无师，吾安知礼之为是也？”我一直告诫：“国将兴，必贵师而重傅……国将衰，必贱师而轻傅。”我十分强调教师的尊严，认为教师就要具有绝对的权威。“言而不称师，谓之畔”；“故非礼，是无法也；非师，是无师也”。教师是礼义的化身，必须绝对服从，统治者绝不能容许有人背叛、怀疑、非议教师，否则就要以刑法问罪。

教师要有很高的素养，“师术有四，而博习不与焉。尊严而惮，可以为师；耆艾而信，可以为师；诵说而不陵不犯，可以为师；知微而论，可以为师”。就是教师除了有渊博学问之外，应具备四个基本条件。一要有尊严的威信。二要有丰富的阅历和崇高的信仰。三要有讲授儒家经典的能力，能够根据教材的内在逻辑，循序渐进，诵说时有条有理，不凌不乱。四要能钻研和精通教材的精粗，并且善于阐发微言大义，而不是记问之学。教师应当具有善喻的讲解能力，“譬称以喻之，分别以明之”，此外，还要善于辩论，批评不仁之言，做到“小辩而察，见端而明，本分而理”。

笔者：虽然强调教师的权威，可以提高教师的地位，但却压抑了学生的质疑，扼杀了学生的创造思维。

荀子：四是教师主导，学生主体。教师在教学过程具有主导作用，这种主导作用表现为教师对教学内容、方法、手段的选择与采用的决定作用。深奥渊博的儒家经典经教师讲解与阐发，学生才能原原本本地理解与掌握。通过教师的教授与指点，可以大大缩短学习过程。

我把教学或学习的过程具体化为闻、见、知、行四个环节，并把行看作学习的最终目标。整个教学过程，要包括知、行的过程。教师传授的，多半是书面知识，讲解以后，需要指导学生实地观察，观察以后，要加以分析，使学生懂得道理，把听到和见到的转化为自己学到的知识。有了知识，再用于实际，能解决实际问题，这样才算完成了教学过程。反之，如果“只闻不见”，虽然听到很多东西，一定会错误百出。如果“只见不知”，虽然见到的东西很多，一定会闹出笑话。如果“只知不行”，虽然知道的东西很多，却不能解决问题，成为一堆无用的知识。

五是不断积累，循序渐进。教学要遵循一定的计划与步骤，因为知识是一个不断积累的过程，人的道德情操也是不断培养与提高的过程。“积土成山，风雨兴焉；积水成渊，蛟龙生焉；积善成德，而神明自得，圣心备焉。”教学也应根据人的认识规律和知识本身的难易程度、逻辑顺序而逐步深入。教师应当熟悉教材的特点、重点与难点，正确理解和讲述儒家经典的微言大义，要因教材而施教。

笔者：您提出的教学过程，符合人的认知规律，非常科学。

六、访董仲舒

一个“罢黜百家，独尊儒术”的建议，使董仲舒（前179—前104年）名闻千古。我对董仲舒这位西汉教育家充满了复杂的感情。汉武帝举贤良文学之士，他在对策中建议“诸不在六艺之科、孔子之术者，皆绝其道，勿使并进”。武帝采纳后，他提出的“天人感应”、“三纲五常”等重要儒家理论成为中国社会正统思想，影响中国长达两千多年。其学以儒家宗法思想为中心，杂以阴阳五行说，把神权、君权、父权、夫权及“天人感应”、“三纲五常”等贯穿在一起。

笔者：您的思想倡议已经影响了我国两千多年。

董仲舒：我曾在《举贤良对策》中，提出了个人建议："罢黜百家，独尊儒术"。

笔者：您的教育思想是怎样的？

董仲舒：我的教育思想和"大一统"、"天人感应"理论相适应，即君主的重要职责是实施教化，仁、义、礼、乐都是治道的工具，古代圣王所以能够长治久安，都是礼乐教化的功效，所以王者的职责就在于"承天意以从事，任德教而不任刑"，"以教化为大务"，希望王者把教育工作放在政治的第一位，同时，在求贤中养士，兴太学、重选举。

笔者：怎样实现呢？

董仲舒：当时思想的不统一，妨碍着政治的统一，必须有一种统一的指导思想，必须"罢黜百家，独尊儒术"。这样就会"邪辟之说灭息，然后统纪可一而法度可明，民知所从矣"。

笔者：您以儒家思想代替汉初的道家思想，并且为汉代及其以后的历代封建王朝制定了"独尊儒术"的政治统治和文化教育方针。

董仲舒：是这样。

笔者：您的教育并没有继承孔子的有教无类吧？

董仲舒：没有。我认为人受命于天。受之天命的人性，决定了谁该做统治者，谁该做被统治者；谁应该高一等，谁应该低一等；谁应该受教育，谁不应该受教育。这种天命、人性决定的封建秩序是不能改变的。

我把人性分为上、中、下三等，即圣人之性、中民之性和斗筲之性。上等人就是圣人，他们不仅生来就是善的，并且是超过"善"的，人类社会"善"的标准和具体内容就是由他们制定出来的。上等人是不多的，只包括统治阶级的最高阶层，包括帝王和那些制礼乐、定法度的当权人物。斗筲之人即下等人，是指封建社会中最贫苦的劳动人民，他们生来就是恶的，没什么善质。圣人生而知之，不必受教育；斗筲之人则是愚昧的，教化无用。除了上下两等人以外，其余的都是中民，中民具有善质，但必须受教育之后才能具有善性。所以教育对象就是中民等级，贫苦的人是排除在教育之外的。

我批评孟轲的性善说，认为孟轲既然说人性已善，那就没有教育的必要了。这一点，我自认比孟轲强。我吸取了荀况的性恶论思想，认为万民的从利就好像水往下流一样，如果不用教化去提防它，就不能停止，教育就是防止恶性发展的工具，像制陶器和冶金一样，可以随意铸造，把国家的治乱兴废都归于礼乐教化。

笔者：您的教育方法主要是什么？

董仲舒：我没有系统的方法，我自己的学习经验是勤奋努力、专心致志。我自己求学异常勤奋，数十年如一日，三年不窥园。专精一思，"两耳不闻窗外事，一心只读圣贤书"，游心于六艺，陶醉于胜境，对当时的社会时尚、生活享受都漠不关心。我沉迷于圣经贤传之中，简直到了如痴如醉的地步。

我强调内省法。人心和天心是相连的，真正的知识不是"众物"的知识，而是要知道事物的"本心"；要体察事物的本心，那就只有依靠"内视反听"的内省方法。

我认为天有阴阳，人也有阴阳，可以互相呼应。因为天与人之间可以同类相动，人的内心有什么想法，天就会以类相应，所以人想求雨，天就会下雨，通过人的内省和直观就可以体认事物的本质。

我主张多连和博贯的方法。只要连而贯之，就可以推知天下及古今的知识。要加强理解，融会贯通。"《诗》《书》序其志，《礼》《乐》纯其美，《易》《春秋》明其知。""六经"各有所长，《诗经》长于质，《礼记》长于文，《乐经》长于风，《尚书》长于事，《周易》长于数，《春秋》长于治人，所以学者应兼其所长，不要偏举其详。

我主张学以致用。我发挥《公羊传》微言大义，引经论事，甚至用《春秋》断狱，将经书与现实政治结合起来。

我注意方法的继承，如以身作则，注意受教育者的才性，要从容引导，不急不缓，这都是孔子因材施教、循循善诱教学原则的具体发展。

笔者：您的课程内容有哪些？

董仲舒：我的课程内容也都是继承性的，都是诗、书、礼、乐及道德，自然知识没有列入。因为“能说鸟兽之类者，非圣人所欲说也。圣人所欲说，在于说仁义而理之”。

笔者：您学通“五经”，义兼百家，且长于议论，善为文章，还具有高尚的道德修养，优雅的言谈举止，“言中规，行中伦，进退容止，非礼不行”，怪不得四方学士皆尊您为师。您真是“桃李不言，下自成蹊”。

七、访苏格拉底

苏格拉底（Socrates，前469—前399年），古希腊著名的思想家、哲学家、教育家。

在我记忆中，苏格拉底喜欢在大街上和手工艺匠、政治家、艺术家、智者及艺妓讨论，他像许多雅典人一样，自由自在地将生命消磨在街头、集市、运动场和餐宴上。

他前额特别宽大，黝黑的脸上轮廓分明，虽然衣衫褴褛，但是身板非常结实，这就是我最初见到他时的印象。

他的举手投足间自有一股超然气息，尤其是那双睿智的眼睛，深不见底。他脸上充满了自信，言谈富有魅力，态度随和，正以细致而技巧的对话方式，教导着围在身边的许多年轻人。

笔者：我是您的崇拜者，我们今天叫“粉丝”，来自孔子的祖国——中国。我有许多问题与思考想请教您，特别是个人发展与教育研究。

苏格拉底：就是“有朋自远方来，不亦乐乎”的孔子的祖国吗？太好了，我也“不亦乐乎”！

笔者：您曾靠自学成了一名很有学问的人，能否谈谈自学的好处？

苏格拉底：自学是万不得已的。我生于雅典一个普通公民的家庭，生活艰难。我早年继承父业，从事雕刻石像的工作，我非常努力，但仍然像父亲一样贫困。我想，即使我加倍努力，也比父母亲强不了多少，我觉得我应该专注于其他更有意义的事情，于是开始拼命读书。

笔者：您都读过哪些书呢？

苏格拉底：我首先熟读《荷马史诗》及其他著名诗人的作品，因为我们希腊的各种交流、争论都与世世代代口头相传的历史故事和神话传说有关。

书读多了，各种思想就在我的大脑打架，相互争论，我的脑子成了各种人物与思想的跑马场。久而久之，我就开始参与其中，梳理自己的观点，积累自己的论据，扩大自己的知识面。在参与各种问题的辩论中，我不断失败、不断思考、不断学习，自然也就不断成长起来。一句话，自学成才的好处就是面对一个问题，你可能需要寻找几个、十几个答案，没有人告诉你哪一个对，必须自己不断分析、比较，自己得出结论，这样，你的思维能力，特别是独立思考能力就得到了最大限度的锻炼与提高，就不会人云亦云，你就不会依赖别人，思想就有了主动性及创造性。

笔者：您认为正规学习有什么利弊呢？

苏格拉底：正规学习，最主要的是可以得到老师的指引，少走许多弯路。老师传授的知识具有系统性，方法也比较有效，还可以在老师指导下尽快进入自己学习领域的前沿阵地，节约不少的时间与精力。最大的问题是缺少大量的磨炼，难以形成自己的真知灼见，容易受到权威思想的束缚。

笔者：您果然渊博睿智，思想精深。

苏格拉底：不，我只知道自己一无所知。

笔者：您被认为是当时最有智慧的人，为什么却选择一辈子做义务教师？

苏格拉底：我出生在希波战争取得完全胜利的时刻，成长在伯里克利的盛世，当时许多智者从全希腊各地云集雅典，带来了新知和自由论辩的新风尚。年轻的我向著名的智者普罗泰戈拉等人求教，讨论各种重要的社会人事，后来研究哲学，与许多智者辩论哲学问题。我发现教育是对人类有最大好处的事业，而且我在这方面很精通，有许多独到的见解。

我 30 多岁时，做了一名不取报酬也不设馆的社会道德教师，有钱人家和穷人家的子弟常常聚集在我周围，跟我学习，向我请教。我以传授知识为生，喜欢在市场、运动场、街头等公众场合与各类人谈论各种各样的问题，如战争、政治、友谊、艺术、伦理道德等。

我一生过着艰苦的生活，无论严寒酷暑，都只穿着一件普通的单衣，经常不穿鞋，吃饭也不讲究，只是专心致志地做学问，从中享受别人享受不到的乐趣：我不做知识的贩卖者，我愿意无私奉献我的知识，我在奉献中收获智慧。

我曾三次参军作战，在战争中表现得顽强勇敢，虽然我有比较丰富的军事知识及实战经验，有能力成为一位将军，在军事上有自己的建树，但我放弃了，因为战争总是以杀人为核心的，我不愿意杀人，我愿意培育人，这是非常美好的。

40 岁左右，我成了雅典远近闻名的人物，我曾被选入 500 人议会，可以做大官，但我也放弃了。因为我过于恪守原则，这在道德败坏、见利忘义、腐败横行的时期，如果参与政治、结党等，又不同流合污，就会鹤立鸡群，自然就难保性命。就算可以保命做官，无非生活得非常好，成为官场的行尸走肉，因为官场是不能有自己的思想的，而不能思想，我就连一头猪都不如。因此，我认为做官，对于我是自残，会痛苦一辈子，不值得。

人的生命是非常有限的，只能做一两件自己喜欢的事。我认为自己的使命就是思考教育的问题，培养人类的思想大师、教育大师，构建新的以人为中心的社会哲学，通过教育培养更多的人才。

笔者：您思考的教育问题主要有哪些？

苏格拉底：我提出了教育的意义、目的、内容和方法。我认为，教育对一个人的成长非常重要。无论是天资比较聪明或比较鲁钝的人，如果他决心要获得成就，都必须勤学苦练。

笔者：您是怎样构建了自己的教育思想体系的？

苏格拉底：我一生从事教育工作，是为城邦的利益而教人的义务教师。我在教育实践中发现，人必须受教育。

教育的目的是造就治国人才。国家需要高明的治理者，治国者必须具有广博的知识。凡受到尊敬和赞扬的治国者，都是那些知识最广博的人，而受人谴责和轻视的治国者，都是那些最无知的人。我们古希腊自从伯里克利死后，就没有好的领导人，民主制度就走向了极端，变成了无政府主义，连国家领导人都要用抓阄或抽签的办法选定。我对此十分痛心。

我认为治国人才必须受过良好的教育，也只有通过教育才能培养治国人才。身教重于言教，为了培养治国人才，我付出了毕生的精力。

关于教育的内容，首先要培养人的美德，教人学会做人，养成自律的品质，将情欲控制在必要的合理限度，成为有德行的人。其次要教人学习广博而实用的知识，如量地学、算术、天文学。因为正确的行为基于正确的认识，所以要注重将新的感觉经验与已有的知识进行联系、联想与对比。最后是锻炼好身体。

笔者：我国的教育方针就是德智体全面发展，一千多年没有多大的变化。

苏格拉底：这是教育的规律，不能变。

关于身体锻炼，我多说几句，健康的身体任何时候都有用，无论在平时还是在战时，身体对体力活动和思维活动都是十分重要的，身体不好，会健忘、抑郁、易怒，影响神志。健康的身体不是天生的，只有通过锻炼才能使人身体强壮。

笔者：您的教学方法，我们至今都在使用。

苏格拉底：我的教学方法，是自己通过长期的教学实践形成的，我称之为“产婆术”。我母亲是助产婆，我借此比喻我的教学方法。我母亲为婴儿接生，而我则为思想接生，引导人们产生正确的思想。

我的教育活动自始至终是以师生问答的形式进行的，在教学生获得某种概念时，我不是把这种概念直接告诉学生，而是先向学生提出问题，让学生回答，如果学生回答错了，也不直接纠正，而是提出另外的问题引导学生思考，从而一步一步得出正确的结论。

笔者：您的方法对后世影响很大，直到今天，仍然是一种重要的教学方法。卢梭、布鲁纳等人提倡的发现法，也明显受到您这种方法的启发。但在使用中，也有不成功的，为什么？

苏格拉底：任何方法都不是万能的，我的方法也是。它需要对方有探求真理、追求知识的愿望和热情，没有就不行，如我申辩时问墨勒图斯就失败了。还需要双方就讨论的问题积累了一定的事实与知识，需要一定的知识基础及推理能力，而且，比较适用于逻辑比较强的事情。对于儿童，就不太有效。

笔者：您的哲学理念与教育思想体系有内在联系吗？

苏格拉底：有，哲学本身就是为解决人类生存中所面对的问题而产生的，哲学的本意是“爱智慧”。即要“认识你自己”，同时应“自知自己无知”，在此基础上，我倡导在对话中进行教育活动。智慧不仅使人在恰当的时候做出恰当的事情，而且还能把零散的知识有机地整合起来，这正如人们的生活需要一定的知识，但知识不是生活的全部。教育方式应该是启发式的对话教育，而不是灌输教育。

在我以前，希腊的哲学主要是研究宇宙的本源是什么，世界是由什么构成的等问题，后人称之为“自然哲学”。我认为再研究这些问题对拯救国家没有什么现实意义。出于对国家和人民命运的关心，我转而研究人类本身，即研究人类的伦理问题，如什么是正义，什么是非正义；什么是勇敢，什么是怯懦；什么是诚实，什么是虚伪；什么是智慧，知识是怎样得来的；什么是国家，具有什么品质的人才能治理好国家，治国人才应该如何培养；等等。后人称我的哲学为“伦理哲学”。说我为哲学研究开创了一个新的领域，使哲学“从天上回到了人间”。

我的哲学思想，注重对社会伦理和人的研究，我将教育的重点转到人的身上，必须反求诸己，研究自我，特别是认识自我。通过研究自我，研究人类本身，即研究人类的伦理问题，如正义、勇敢、智慧与知识。立志从政的人，要像学习技艺一样勤学苦练治国之道，要吃苦耐劳、节制，不贪杯、贪食、贪色、贪睡。我还将智者的一些实用方法，看成是人达到完善自己、实现治国理念的手段，而不是把方法这种工具当作目的本身。

我强调人天生是不一样的，但通过培养都会有进步。这种进步必须通过教育，而教育最根本的目的应该是造就治国人才。因为国家需要高明的治理者，治国者必须具有广博的知识。

教育的内容，首先要培养人的美德，教人学会做人，成为有德行的人。其次要教人学习广博而实用的知识。最后是锻炼好身体，这也与我的哲学思想密切相关。

关于身体锻炼，也与我重视人有关，因为没有健康的身体，就不能掌握知识；没有体力，思维活动也会受到影响。

笔者：您的教学方法与哲学思想有关联？

苏格拉底：我的教学方法，也是我的哲学思想的反映。我认为事物的最终因素是“善”。我认为一切知识，均从疑难中产生，越求进步疑难越多，疑难越多进步越大。我自己本来没有知识，而又要教授别人知识。解决这个矛盾，就是不给别人灌输知识，而是激活人们原来已经具有的知识积累或生活体验；即人们已在心上怀了“胎”，不过自己还不知道，我像一个“助产婆”，帮助别人产生知识。我以逻辑辩论的方式启发思想、揭露矛盾，以辩证思维的方法深入事物的本质。但现在看来，我夸大了主体和理性，夸大了抽象思维。

哲学的根本问题是人的问题，现在的哲学似乎都围绕着认识论问题打转转了，哲学已经从最初的“爱智慧”转化到对知识方法的关注上。哲学成了与生活无关的概念游戏，结果就成为象牙塔里的学问，成为学者们自娱自乐、自产自销的学问，这是哲学贫困化和被边缘化的原因。

笔者：如果您活在今天，您的哲学思想与教育思想会怎样?

苏格拉底：我的哲学肯定会回归生活，教育哲学应该解决教育的具体问题，如通过平等对话、自由商谈、彼此交流、互相沟通，以克服人与人之间的隔阂，而达到教化自新、为国育人的目的。立足于现实生活的需要，关注生活在价值多元化社会中的人们，该如何和谐相处，共同生活，寻求现实政治生活的正义的基础。教育不会是灌输教育，教育者不能不顾受教育者的实际情况，采用灌输等简单粗暴的方式把教育等同于科学知识与考试能力。受教育者不能被置于一种被动的地位，知道的仅仅是远离生活的善恶概念，而这些概念对自己的具体行为没有任何指导意义。

我希望教育还是要通过平等交流和探索，达到引人入胜的智慧境地。因为这种对话既是智慧的探讨过程，同时也是教育发生的过程。这种对话一方面展示了以反思方式去追寻“人应该如何生活”的终极问题，另一方面则展开了日常生活与智慧发生关联的途径。

师生总是以探索者的身份去发问，在期待他人的回答中，进一步澄清问题。这种教育方式不是给人知识，而是让对话者经历这一过程。这一过程既是智慧和无知对话中得到展现的过程，同时也是智慧产生共鸣并使思考能力、批判分析能力、独立思考能力及澄清概念、清楚表达问题和进行理论论证的能力得到提升的过程。

笔者：您的经验与教训是什么？

苏格拉底：我最重要的经验是承认自己的无知，并孜孜不倦地探求着，自己的智慧就会远远地高于别人。我从不关心大多数人所关心的事情，如赚钱、谋求高官厚禄，也不参与政治、结党。教训也有，如对自然的研究也应该进行，自然的规律也可以造福人类，我过于强调直接的实用目的，强调人的本原是对的，但不能以此否定对自然的研究。

八、访柏拉图

柏拉图（Plato，前 427—前 347 年）是古希腊伟大的哲学家、思想家、教育家，苏格拉底的学生、亚里士多德的老师。黑格尔说他是人类精神的导师；怀特海把西方 2 500 年来的哲学，归结为对柏拉图哲学的注释；卡西尔说一切构成古希腊文化的伟大思想都保存在柏拉图的学说中；在西方人心目中，他具有崇高地位。

我在雅典学园见到他时，他正与学生谈笑风生，那高大的身材，宽阔的前额，锐利的目光，真是鹤立鸡群。

笔者：作为苏格拉底最忠实的朋友和学生，您进一步完善和发展了老师的一系列思想，特别是政治专业化、知识化的要求被明确发展为以“哲学王”为核心的为国育才的教育过程，它集千余年希腊文化于一体，可谓希腊哲学和教育思想的完美结合。您能以学园教育为例就继承与创造进行具体的介绍吗？

柏拉图：当然可以。我 40 岁时，在继承与创造中形成了新的教育思想，并办了这所学园，这是我们西方文明最早的有完整组织的高等学府之一，学园存在了900多年，培养出了许多人才，最杰出的是亚里士多德。

继承方面主要有三点。一是认识不是对世界物质的感受，而是对理念世界的回忆。教学目的是为了恢复人的固有知识，教学过程即是回忆理念的过程。在教学中，我重视对普遍、一般的认识，特别重视学生思维能力的培养，认为概念、真理是纯思维的产物，学生是通过理念世界在现象世界的影子中才得以回忆起理念世界的，承认感觉在认识中的刺激作用。

二是学园的课程设置还融入了毕达哥拉斯的传统课题，如突出算术、几何学、天文学以及声学。学园课程有文法、修辞学、写作、文学、体育、音乐、美术、数学、哲学、天文学、法律学、历史、伦理学、动物学、植物学、地理学、宇宙学及辩证法等。

三是教育方法师承苏格拉底的问答法。如把回忆已有知识的过程视为一种教学和启发的过程。教学方法不拘一格，灵活多样，有问答、辩论、对话、质疑、讲演，反对用强制性手段灌输知识，提倡通过问答形式，提出问题，揭露矛盾，然后进行分析、归纳、综合、判断，最后得出结论。

笔者：更多的是您自己的创造吧？

柏拉图：当然，我特别强调早期教育和环境对儿童的作用。因为在幼年时期儿童所接触到的事物对他有着永久的影响，教学过程要通过具体事物的感性启发，引起学生的回忆，经过反省和思维，再现灵魂中固有的理念知识。学生必须接受一些强制性教育，养成爱好、习惯顺从、公道等美德。

我认为，每门学科均有其独特的功能，凡有所学，皆会促成性格的发展。在17岁之前，广泛而全面的学科内容是为了培养公民的一般素养，而对于未来的哲学家来讲，前面所述的各门学科都是学习辩证法必不可少的知识准备。文法和修辞学是研究哲学的基础；算术是为了锻炼人的分析与思考能力；学习几何学、天文学，对于航海、行军作战、观测气候、探索宇宙十分重要；学习音乐则是为了培养军人的勇敢和高尚的道德情操。同时，应重视选择和净化各种教材，如语言、故事、神话、史诗等，使其符合道德要求，以促进儿童心智之发展。

为了发展理性，我吸收了智者的“三艺”及斯巴达的军事体育课程，也总结了雅典的教学实践经验，在教育史上第一次提出了“四科”（算术、几何、天文、音乐），设立了全面而丰富的课程体系，以学生的心理特点为依据，划分了几个年龄阶段，并分别授以不同的教学科目。其后这成为古希腊课程体系的主干和导源。

笔者：您的课程中出现了“比音乐和体操更高的课程”——“心灵转向”的概念，而且还形成一个渐进的“序”，但不少人不太清楚这在教育中的意义。

柏拉图：是比较难理解，这是我根据实在性和真理性的不同的程度，将人的心灵状态描述为高低不同的四个等级。

第一个等级是想象和可感事物的影像。最低的心灵状态是想象，它的认识对象是生物、自然物和人工制品，也就是一切可感事物的阴影或摹本；或者是生物等有形可感事物在水里或光滑物体上反射出来的影像。第一张床是床的本体，理念的床，第二张床是以理念的床为模型的摹本，而第三张床——影像的床则是摹本的摹本，如画家所画的床。

第二个等级是信念和可感事物。从影像上升到影像的原物，即感官面对有形事物，如我们周围的事物以及一切自然和人造物。这还是理想的人、马、床（即人、马、床的理念）的不完善的摹本；因而心灵的这种认识还停留在意见、信念的状态，没有获得人、马、床这些特殊事物的本质，即理念的知识。

第三个等级需要通过理智和居间者学科的引导，以促使心灵最后转向理性和善理念。每门学科均有其独特的功能，凡有所学，皆会促成性格的发展。如平面几何、立体几何、天文学、谐音学四门课程，都可以在心灵转向过程中发挥重要的作用。又如算学，这是“一切技术的、思想的和科学的知识都要用到的，它是大家都必须努力学习的最重要的东西之一”。所以军人必须学会它，以便统帅他的军队，哲学家也应学会它，因为他们必须脱离可变世界去把握真理。

第四个等级是理性和理念世界。经过从想象、信念到理智的漫长心灵转向过程，已经部分地进入理念世界，但尚未实现最后的转向，只有上升到最高的以纯理念为对象的理性状态，才算大功告成，培养“哲学王”的过程才算最终结束。

这是希腊教育思想史上第一个（也是唯一的一个）明确而系统的教育过程理论。心灵转向的四个阶段，实际就是一部人类精神发育史。

笔者：您能否给理念论一个浅易明了的例述？

柏拉图：好。自然界中有形的东西是流动的，但是构成这些有形物质的“形式”或“理念”却是永恒不变的。当我们说到“马”时，我们没有指任何一匹马，而是称任何一种马。而“马”的含义本身独立于各种马（有形的），它不存在于空间和时间中，因此是永恒的。但是某一匹特定的、有形的、存在于感官世界的马，却是“流动”的，会死亡，会腐烂。

笔者：学园最鲜明的教学特色是什么？

柏拉图：理性的训练是我教学思想的主要特色。在教学过程中，我始终是以发展学生的思维能力为最终目标的。因为理性的知识唯有凭借反思、沉思才能真正融会贯通，达到举一反三。感觉的作用只限于现象的理解，并不能成为获得理念的工具。因此，教师必须引导学生心思凝聚，学思结合，从一个理念到另一个理念，并归结到理念。教师要善于点悟、启发、诱导学生进入这种境界，使他们在苦思冥想后茅塞顿开，喜获“理性之乐”。

笔者：依据学生年龄特征进行教学也是具有开拓性的意义！

柏拉图：我第一个确定了心理学的基本划分，并使之与教学密切联系起来；继承并发展了斯巴达的依据年龄特征划分教学阶段的教学理论，在教学的具体内容、形式、方法和手段上则更多地总结与采用了雅典的经验，提出了全面、和谐发展的课程体系；在教学中十分注重发展学生的思维能力，强调探讨事物的本质，这些都给后世教育家们带来了巨大的影响和启迪。

笔者：能够具体谈谈吗？

柏拉图：3—6岁，儿童在游乐场内进行讲故事、玩游戏、唱歌等活动。3岁进幼儿园玩游戏；听故事、寓言及音乐。不讲恐怖、虚幻内容。6岁上文法学校，课程是阅读、书写、算术。强调爱好、习惯。

6岁以后，儿童进入初等学校接受初级课程。在教学内容上，遵循以体操锻炼身体，以音乐陶冶心灵的和谐发展的教育思想，为儿童安排了简单的读、写、算、唱歌，同时还十分重视体操等体育训练项目。

特别是音乐和体操，这是教育的基础。我以音乐陶冶心灵，以音调培养某种精神和谐，以韵律培养优雅得体，以体操锻炼身体，还以故事的语言，培养与此相近的品质。

12—16岁，加人文学科，如音乐、文学、艺术、体育为主要课程，强调情感教育。

17岁之前，广泛而全面的学科内容是为了培养公民的一般素养，而对于未来的哲学家来讲，前面所述的各门学科都是学习辩证法必不可少的知识准备。

17—20岁，学习军事，强调意志教育。结合军事需要学习文化科目，主要有算术、几何学、天文学、音乐。

20岁后，把他们小时候分散学习的各种课程内容加以综合，研究它们相互之间的联系以及它们和事物本质的关系，这个时期的这种学习是检验他有无辩证法天赋的最主要试金石。因为只有能在联系中看事物的人才是一个辩证法者。

20—30岁，那些对抽象思维表现特殊兴趣的学生就要继续深造，进行10年科学教育，学习算术、几何、天文学与和声学等学科，以锻炼发展思考能力，使他开始探索宇宙的奥妙，懂得自然科学间的联系。

30—35岁，学习哲学，进行实践探索。30岁以后，经过进一步挑选，学习5年，主要研究哲学等。这就是相对完整的金字塔形的教学体系。强调思考习惯，发展智慧、想象力及抽象思维，学习辩证法，以洞察理念世界，争取成为统治国家的哲学王。因为，第一阶段的初等教育，仅仅达到可见世界的感性认识，只有辩证法，能够不用假设而一直上升到原理本身，通过纯思而认识到善理念；理性在进行这种活动时，绝不凭借假设引用任何感性事物，而只引用理念，从这一个理念到另一个理念，并且归结到理念。

50岁，以哲学王的智慧，治理自己的国家，造福人民。

笔者：30岁之后的教育，主要是精英教育。

柏拉图：对。因老师被处死，我对没有质量的民主感到了绝望，我开始怀疑民主体制，痛恨民主人物，我受株连流亡埃及、意大利等国12年，一直思考政治及社会管理也不是任何人都可以承担的，应该让精英贤能治理国家。我在《理想国》中所设想的教育制度，逐级而上的课程体系，其最终目的都是要培养担负领导国家大任的哲学家。

笔者：您的爱情论也有不少争论。

柏拉图：我是将爱情作为一个理想来谈。一般来说，当心灵摒弃肉体而向往着真情的时候，这时的爱情才是最好的。而当灵魂被肉体所诱惑时，人们追求的爱情就永远都不会得到满足。当爱情没有对肉欲的强烈需求时，心境是平和的，肉欲是人性中兽性的表现，是每个生物体的本性，人之所以是所谓的高等动物，是因为人的本性中，人性强于兽性，精神交流是美好的，是道德的。

我希望爱情能够让人得到升华。因为对活得高尚的人来说，指导他行为的不是肉欲的满足，也不是荣誉及财富，而是爱情。世上再也没有一种情感像爱情那样崇高与深入人心。

以生育繁衍为目的的交往是延续轮回的低级追求，而最高等级的爱是热爱最终可以达到善的形式的智慧和哲学。人的肉体是可朽的，唯有精神不朽。一个人的品格越高尚，爱就越纯粹、高尚，反过来，以纯粹、高尚为最高目的、以智慧和哲学为追求对象的爱情，沉浸其中的两人关系会更加甜蜜。因为“他们创造出来的东西比肉体的子女更加美丽、更加长寿”，与它相比，财富、门第、权柄都不过是浮云粪土。

笔者：有道理。但我认为将爱情绝对理性化与把肉欲罪恶化，缺乏现实性。这与前面夸大理性发展在教学中的意义，主张通过回忆和苦思冥想以致知的教学一样，太多的唯心主义，特别使感觉和理性之间对立起来，并没有多少意义。

柏拉图：用今天的眼光来看，我的教育思想太过于强调训练学生通过对变化无常的现象感知永恒不变的理念世界，轻视了现实的具体的感受。这也使我的得意门生亚里士多德有了更多的创造与发展天地。

柏拉图出身大贵族，幼年丧父，文法、修辞学及写作都非常优秀，喜欢文学、创作，喜爱体育、音乐及美术，审美能力很强。我凝望着这位潜心钻研 40 年的教育大师，感觉他像太阳一样，熠熠发光，把现实世界给进一步升华了，而他也变成理念世界的太阳。我期待我的心灵走进这个理性的世界，享受到更多太阳的光辉。

九、访亚里士多德

我对亚里士多德（Aristotle，前 384—前 322 年）充满了无限的敬意，这是一个全才。62 年的生命并不算长，但他将生命的辉煌推向了极致，被马克思称为“古代最伟大的思想家”，也是世界古代史上最伟大的哲学家、科学家和教育家，他是柏拉图的学生、亚历山大的老师。

笔者：您是一位百科全书式的教育大师，但我最想请教您的，是您经历了怎样的人生？

亚里士多德：我早年丧父，由姐姐抚养长大。17 岁赴雅典入柏拉图学园学习哲学。在柏拉图学园中，我的表现很出色，被老师柏拉图称为“学园之灵”。但我不只崇拜老师，我也没有在学术上唯唯诺诺，我对许多问题都有自己的想法。

我不太认同老师常常大谈玄理，我努力地收集各种图书资料，勤奋钻研，甚至为自己建立了一个图书室。求学期间，我就在思想上跟老师有了分歧。我曾经隐喻地说过，智慧不会随老师一起死亡。老师晚年，我们之间的分歧就更大了，还经常发生争吵，特别是对哲学中太多的数学倾向，分歧最大。老师去世两年后，也就是我 39 岁时，开始游历各地。

42 岁，我成为马其顿王子的老师。3 年后，我又被马其顿的国王腓力浦二世召唤回故乡，成为当时年仅 13 岁的亚历山大大帝的老师，我对这位未来的世界领袖进行了道德、政治以及哲学的教育，对亚历山大大帝的思想形成起了重要的作用，亚历山大大帝始终对科学事业十分关心，对知识十分尊重。

公元前 334 年，亚历山大率领马其顿军和希腊各邦的联军出征波斯，在不到 10 年的时间里，他打垮了号称百万的波斯大军，接着摧毁了古老的波斯帝国。一个空前庞大的亚历山大帝国——其领土西起希腊，东到印度河，南至埃及，北抵中亚——建立起来了。但我没有陶醉在教育学生的成功中，我的心一直放在教育上，我想在教育中培养更多的人才。

我非常重视教学方法，反对刻板的教学方式，我经常带着学生在花园林荫道上一边散步，一边讨论哲理，因此后人把我们称作

“逍遥学派”，在此期间，我边讲课，边撰写自然和物理学方面的自然科学和哲学，多以讲课的笔记为基础，有些甚至是学生的课堂笔记。

因此有人将我看作西方第一个教科书编写者。我 62 岁离开雅典，因为被指控不敬神而逃到加尔西斯避难。

笔者：您怎样在继承与创造中发展了教育思想？

亚里士多德：首先，我认为教育是继承与创造的事业。我师承柏拉图，强调教育的政治意义，主张教育是国家的职能，学校应由国家管理。我把心理学引进教育学的讨论中。首次提出教育须依靠并适应自然、发展儿童天性中的潜在能力的观点，开“遵循自然”教育思想之先河。我最早依据儿童发展顺序，划分教育年龄阶段，并从理论上论证了和谐发展教育的可能性与必要性。我把课程分为有用和文雅两类，“文雅教育”思想支配欧美中等和高等教育达两千年之久。

其次，我热爱教育，从 17 岁进入柏拉图学园开始，就没有想过在其他方面发展，由于教育亚历山大大帝的成功，我对自己的教育方法充满了自信，也对育人事业产生了新的向往：我要在教育中培养更多的人才，并发现更多的教育规律。

三是亲自办学，亲自授课。公元前 335 年，50 岁的我在雅典办了一所叫吕克昂的学园，我主持学校 13 年，一直亲自教授哲学。

四是我设立了“百科全书”式的课程。我主张学生在德、智、体、美等方面全面发展，且在不同时期各有所侧重。幼儿期以身体发展（体育）为主；少年期以音乐教育为核心，以德、智、美为主要内容；高年级要学习文法、修辞、诗歌、文学、哲学、伦理学、政治学以及算术、几何学、天文学、音乐等学科。教育重心放在发展学生的智力上。

五是我将教育与学生身心发展结合起来。如按人的成长进程，先是躯体，然后是非理性灵魂，最后才是理性灵魂。人在婴儿时就开始显露出情感和欲望，婴儿的嬉笑啼哭等，就是他们非理性灵魂开始发展的标志；而人的理性的灵魂，则要到以后的岁月，经过教育，才能逐渐得到发展和完善。教育应遵循人的自然行程，先是体格教育，使其有健康的体魄；然后以情欲的训练为主，养成其良好的习惯；最后才发达他们的理智，使其能过好闲暇的生活，从事于沉思，专心于学问。“教育的目的及其作用，有如一般的艺术，原来就在效法自然，并对自然的任何缺漏加以殷勤的补缀而已。”我曾首次提出教育应“效法自然”的原理，而且把儿童和青少年的生理作为教育实施的依据之一。由于这一原理的提出及其运用，便把教育学向前推进了一大步。还有对善行的模仿是形成儿童良好品德最有效的方法。为此，成年人要注意修身，用自己的善行去影响青年。

六是教育的目的在于将来的实际效用。因此，我在学校课程中规定了阅读书写和绘画等科目。为了个人谋生、处理家事、从事政治生活以及评价艺术品的方便，智育内容还包括掌握真理、发展思维力。通过对事物的直观感知，并依此进行深入的分析思考，以掌握事物内在本质，获得理性知识。

美育是儿童和谐发展教育的重要内容。我从希腊审美意识出发，规定了学校美育的任务就是要培养儿童判别美及创造美的能力，使他们懂得娱乐和享受，更好地度过闲暇。

我特别强调音乐在培养儿童一般修养上的作用，因为音乐具有娱乐、陶冶性情、涵养理性三种功能，它能使人解疲乏、炼心智、塑造性格、激荡心灵，进而通过沉思进入理性的、高尚的道德境界。音乐是形成人性格的一种重要力量。音乐教育的目的，不是为了未来从事这种职业，也不是为了竞技，而是为了教育，为了心灵的净化，为了理智的享受和用于度过闲暇。强调乐器及旋律、韵调的选择，音乐教学不仅要使儿童学会欣赏音乐，具有评判能力，而且还要具备演奏能力。只有音乐教育，才能更好地实现教育的最终目的，发展理智灵魂，而且人在各年龄阶段都需要音乐。

七是在教学方法上，重视练习与实践的作用。如在音乐教学中，我经常安排儿童登台演奏，现场体验，熟练技术，提高水平。如我经常带着学生在花园林荫道上一边散步，一边讨论哲理。这样的讨论方式自然、宽松，师生都可以得到新的启发。

笔者：您更多的是继承与创造吧，具体是哪些？

亚里士多德：对，苏格拉底建立了一种知识即道德的伦理思想体系，我也非常重视美德，但我没有停留在苏格拉底的智慧即美德，因为我发现有了知识并不等于有了良好的品德行为，因为理论与实践并不是一回事，明白道理并不一定能付诸行动，许多人不具备知识但却有良好的行为。这是由于人的意志的缘故，人为善还是为恶都是意志在起作用，经过意志作用的行为，其结果与知识不一定一致。

我把人的本性分为三个层次：植物性的生长与繁殖、动物性的感觉与欲望和神性类似的理性精神。

我发现：人不仅仅要最大限度地实现其植物性功能和动物性功能，而且最重要的是使人的理性功能得到最大的发挥。如情感、欲望既然是人性中所固有的，就应使其得到满足，在理性的指导下使其得到发展。只有人的各种需要都能得到满足，并且都能在理性的支配、指导下得到充分而和谐的发展，人才能成为人，才能成为一个具有美德的人。当人的感情、欲望为理性所控制，美德就自然产生了。

我还发现，美德可分为伦理美德和智慧美德。伦理美德是习惯的结果；美德是品性，美德是中庸之道；美德出于自愿；美德是在正确理性指导下，表现在履行道德义务的行为活动中，"中庸之道"是伦理美德中最重要的，它是人们用理智来控制和调节自己的情感与行为，使之既不过度，也无不及，而始终保持适中的原则。

智慧美德是纯粹理性活动的产物，包括技艺、科学、实践的智慧、直觉理性和智慧。智慧是智慧美德的最高形式。智慧美德是纯粹理性活动的产物，是由训练而产生和增长的，是教育的结果。伦理美德是通过习惯养成的，是长年累月实践的结果。智慧美德高于伦理美德。

我也重视习惯。因为天性（自然素质）、习惯和理智是影响美德形成的三要素，其中习惯是最重要的。人的天性，包括与动物相同的本性和与动物不同的理性，都是人获得美德的潜能。要使这种潜能变成现实，还有赖于习惯的作用。天性为美德的形成提供了一种可能性，后天的习惯则使这种可能性变成了现实性，最后达到理性的完善。而习惯的养成则主要依靠反复多次的练习、实践。因此，从小养成一种好的习惯是极其重要的。

我提出了和谐发展教育观。我根据奴隶主民主政治和经济发展的需要，从培养全面发展人的理想目标出发，结合希腊的教育实际经验，在《政治学》中论述了对儿童施行体、德、智、美和谐发展教育的具体内容和方法，提出了一套独立的教育思想体系。我认为人有植物的、动物的和理性的三种灵魂，与之相应也有三方面的教育：体育、德育和智育。教育的目的在于发展这三方面，使之达到最高程度，使体、德、智得到和谐的发展。

我提出了教育年龄分期。我论证了教育要适应儿童自然天性发展的思想，并以之确定了教育的年龄分期，对各年龄阶段教育的要求、组织、内容和方法等措施提出具体意见，要求成人应根据儿童年龄特征对其进行教育。我认为人不同于动物，身心具有做人的某种特性。因而只有遵循这种特性，教育才能卓有成效。我把一个人从出生到21岁所受教育的年龄按每7年为一自然阶段划分为三个时期。

第一个时期，即7岁前，相当于学龄前幼儿教育阶段。这年龄段的儿童应在家中受教育，以儿童身体的自然发育成长为主。婴儿出生后的抚育方式对其体力发展有很大影响。因此，父母亲应首先注意对儿童的抚育。母亲要亲自抚养婴儿，亲自哺乳，让幼儿吃“含乳分最多的食物”，注意饮食营养。根据幼儿好动的特点，循序渐进地组织其进行锻炼，但不教任何功课，也不强迫从事任何劳作，还主张通过游戏以及忍受寒冷的锻炼来促进身体活动，保护脆弱的肢体免受损害。教师和父母应对儿童的活动进行指导，做出安排。活动量要适中，锻炼要循序渐进。之所以注意儿童早期的身体锻炼，是基于“自由民”子女将来要“善于参战”、立法者必须按照自己的意志形成初生幼儿体格的思想。另外，从小对儿童进行忍受寒冷的锻炼，利于体质的增强、意志的形成以及对未来服兵役时残酷环境的适应。5岁以后，即可开始课业学习，但不宜过重，以免妨碍身体发育。这一时期，仍应保证有充分的活动和游戏。要多听有益的故事和神话，尤要注意儿童教养情况，留心使他们尽可能少地沾染不良习气，避免接触下流形象和语言。

第二个时期，即7岁到14岁，相当于初级阶段的学校教育。这一时期教育的任务是以情感道德教育为主，发展非理性灵魂，让儿童掌握读写算的实用知识与技能，并进行体操训练和音乐教育。儿童自7岁起，就必须送到国家办的学校学习，接受体、德、智、美和谐发展的教育。青少年期通常学习的科目有四种：阅读、书写；体育锻炼；音乐；绘画。

第三个时期，是从青春期即14岁到21岁。这段教育在于发展学生的理智灵魂，以智力教育为主。这一时期的学校应有算术、几何学、天文学、音乐理论、文法、文学、诗歌、修辞学、伦理学以及宇宙学和哲学等科目，而思辨科学和哲学尤为重要。

我将日常教育与研究著述结合起来。在办学期间，我边讲课，边撰写哲学、自然和物理方面的专著，哲学专著多以讲课的笔记为基础，有些甚至是学生的课堂笔记。让学生的学习成果转化为著述内容，增加了专著的可读性，当然，需要对资料进行必要的抽象、概括与提炼。

我发现教育必须占有大量的文史哲及自然科学等资源，不能仅仅凭主观的推测。

我抛弃了老师所持的唯心主义观点。我认为实在世界乃是由各种本身的形式与质料一致的事物所组成的。“质料”是事物组成的材料，“形式”则是每一件事物的个别特征。就像一只鼓翅乱飞的鸡，这只鸡的“形式”是它会鼓翅、会咕咕叫、会下蛋等。当这只鸡死时，“形式”也就不再存在，唯一剩下的就是鸡的物质。

我认为知识起源于感觉。我同意柏拉图的理性方案和目的是一切自然过程的指导原理。可是我对因果性的看法比柏拉图的更为丰富，如形成物体的主要物质，物质被赋予的设计图案和形状，为实现这类设计而提供的机构和作用，设计物体所要达到的目的。例如，制陶者的陶土为陶器提供其质料因，而陶器的设计样式则是它的形式因，制陶者的轮子和双手是动力因，而陶器打算派的用途是目的因。

笔者：您是形式逻辑学的奠基人，我认为您最大的创造可能是在《逻辑学》中提出了同一律、排中律及矛盾律。

亚里士多德：这是我研究了苏格拉底的问答法及智者派的许多辩论后归纳出来的人类思维的规律。

逻辑学是一切科学的工具。我力图把思维形式和存在联系起来，并按照客观实际来阐明逻辑的范畴。逻辑思维是我在众多领域建树卓越的支柱，这种思维方式自始至终贯穿于我的研究、统计和思考之中。但逻辑学的三段论法对实验科学毫无用处。因为实验科学所追求的目标是发现，而不是从公认的前提得到形式证明。希腊和中古时代的科学界运用演绎法把许多错误的权威说成是绝对正确的，并用欺骗性的逻辑形式进行了许多错误的推论。

十、访苏霍姆林斯基

苏霍姆林斯基（1918—1970年）被誉为“教育思想的泰斗”，其著作被视为“先进教育经验的完整总结”和“学校生活的百科全书”，其教育理论被公认为“活的教育学”。他获得多枚勋章及苏联教育科学院通信院士称号。

因为我自己与苏霍姆林斯基有一些共同的学习经历，如出身于农民家庭、曾在农村小学教书，做过教导主任、校长，自然就多了许多亲切感。

笔者：我有一些与您相同的经历，但当年没有机会读到您的教育故事，也没有机会了解您的教育思想，今天希望我和您能够就一些教育问题、学科教学问题进行比较深入的交谈，以使我今后在教育研究方面有新的成就。

苏霍姆林斯基：我先说说我的人生历程吧。我没有机会进入正规的大学学习，15岁进入一年制师资训练班。16岁便开始当小学教师。21岁在波尔塔瓦师范学院语言文学系接受函授教育，取得了中学教师的合格证书，并先后担任中学语文教师、教导主任。23岁时卫国战争开始，我奔赴前线，受过重伤，被委任为一所中学的校长。家乡解放后回到当地，任区教育局长。26岁时主动申请调回学校工作。29岁时开始担任帕夫雷什中学校长。52岁时为取得教育科学博士学位提交了题为《全面发展个性的培养问题》的报告。10月，因劳累过度告别心爱的教育人生。

笔者：您的确是在拼命地工作！您觉得自己人生中具有标志性的事有哪些？

苏霍姆林斯基：一是我幸运地遇到了好的老师与好的学校。我的小学、中学生活，一直是在自己村里的学校度过的。这是一座七年制的学校，虽然学校设施条件极为普通，但这里却有一批较好的师资力量。这对从小受到家庭良好熏陶的我来说，是一个极好的环境。我的天性在这里得到了充分的发展，知识能力得到了迅速的拓宽。我在家经常主动帮助父母和邻居做事，在学校里经常得到校长伊万·萨维奇和教务主任布师科夫斯基的重视和关怀。然而对我影响最大的要数启蒙教师安娜·萨莫伊洛英娜。我的这位教师，不仅是老师，也是我们亲密的伙伴，她像一个女魔法师，知道一切美的秘密。她讲课时我们都有浓厚的兴趣，所教的知识自然就铭刻在心。她常带我们到大自然中去，引导我们思考许多问题，我们从中学到了不少东西，明白了许多道理。

笔者：您印象最深的一次活动是什么？

苏霍姆林斯基：一个山花烂漫、万物生机盎然的日子，安娜·萨莫伊洛英娜带我们来到了森林，这是我熟悉的地方了，我平时就到这里来玩。但教师的解说，让我接触了许多过去没有注意到的新奇的事物：盛开的椴树在帮助蜜蜂酿蜜；我曾用棍子去捅过蚁穴，老师说这个蚁穴有回廊和广场，有幼儿园和粮仓……这是一个童话般的城市。我如果不和老师一起来，就不会发现世界上这么多美好的东西。

当我们领略了大自然美好的风光，急匆匆地准备回家的时候，她还有一招："孩子们，为爷爷、奶奶、爸爸、妈妈采集些鲜花吧。当孩子们关心长辈的时候，长辈会感到高兴，而鲜花——是关怀和敬爱的标志。"这使我不仅爱上了书本，爱上了同伴，爱上了大自然，而且更爱这位老师。我向往着自己的知识能同老师一样渊博，向往能当一名老师，可以说我主动辞去局长的职位，是我觉得教师最神圣，最适合我，可以成为我一生的追求。

笔者：您能够描述一下自己的一天是怎样度过的吗？

苏霍姆林斯基：我每天早晨七点到七点半到学校门口，迎接每一个学生，也迎接每一位老师。八点钟开始，各班把自己班上的作业集中到我这里来，我每次都要亲自过问，看看哪些学生没有交作业。检查完作业后，我便去上课，然后听课。听课不是随便听一两节，而是连续听一位老师的课。比如我的学生伦达克的课，我就连续听了15节。一直到被听课的老师达到教学标准为止。下午两点，学生放学回家了。一直到五点，学校里都非常安静。这段时间，是我的写作时间，不许任何人打搅。五点钟，学生又回到学校，开展各种活动，一直到七点钟。七点到八点，是学校的晚会。学生回家后，晚上九点到凌晨一点，又是写作时间。每天晚上睡觉的时间也是凌晨一点。到凌晨四点，又起床了。四点到七点，三个小时是写作时间。七点钟到了，又来到校园里，新一天的工作又开始了……

笔者：我非常想知道您是怎样上课的。

苏霍姆林斯基：我讲课的声音总是很柔和的。我经常在学生中间微笑地走动着。还经常俯下身来对着学生，脸上呈现出亲切的微笑，问学生听懂了没有。对于上课开小差的学生，我也是很耐心地引导、教育。比如一次上课时，窗外飞过一只小鸟，有个男学生便分心看着窗外。我便走过去，抓住他的手腕，轻轻地摇动，俯下身去问这男孩子："你是想听课呢，还是想看鸟？请你说说好吗？"男孩子说"想上课"。"想上课？好的。那么请把头转过来我们一起上课，好吗？"我的举手投足比较生动有趣，表情非常丰富，同时很爱开玩笑，自己很陶醉，也有感染力。

笔者：您除了校长、班主任、语文科任的正常工作外，还不停著书撰文，撰写了41部专著、600多篇文章。

苏霍姆林斯基：我在22年任期内进行了大量教育实验，把帕夫雷什中学建设成为全国模范中学和闻名于国际的实验学校。我的人生导师是克鲁普斯卡雅和马卡连柯，我希望像他们一样度过人生，我继承了他们的教育遗产，也提出了一系列自己的见解，创造了一些新鲜经验，我坚持了马列主义全面发展教育、综合技术教育、共产主义教育等思想。

笔者：您可以详细地谈谈您的教育思想吗？

苏霍姆林斯基：我没有刻意形成自己的教育思想，因为苏联的教育思想就是我们的教育思想，只能说，我有自己的教育信念、办学思想及施教措施。

我们教育工作的目的在于，使每个青年男女都能在道德上、智力上、实际能力上和心理上做好劳动的准备，发展他们的个人素质、意向和才能，开发每个人的天赋和才能，使他们享受到为社会、为人民的幸福进行饶有趣味的、充分发挥了智力的创造性劳动的幸福——这就是学校的任务。注意每个人，关怀每个学生，并以关切而又深思熟虑的谨慎态度对待每个孩子的优缺点——这是教育过程的根本之根本。一句话，教育目的在于每个人的全面而和谐的个性发展。

我的教育观点主要如下。

（1）学校领导是教育科学的领导。即精通教育科学，并使这门科学成为科学地领导教育和教养以及组织全体教师生活的基础。

（2）十分重视家长学校。学生有一多半的时间在家，父母是孩子的第一模仿者，只有家长的配合，学校的教育才能发挥最大的作用。

（3）明确好教师的条件：①热爱、相信、关心孩子，善于和孩子们交朋友；②精通、热爱所教的科目，并了解其发展情况；③精通教育学、心理学；④精通某项劳动技能，并且是这项工作的能手。所以，要让教师有充分的时间去读书、思考科学的新成就，充实自己的知识，总结自己的经验。

（4）强调团队合作。教师集体要成为一个志同道合的“创造性友好集体”，其中每个人都为集体的创造做出个人贡献。

（5）使学校的一切都成为教育的资源。用环境、用学生自己创造的周围环境、用丰富集体精神生活的一切东西进行教育，这是教育过程中最微妙的领域之一。课堂教学的环境、课外活动环境、校园、校舍内部陈设等，都有很大教育意义。孩子们在周围经常看到的一切，对于他们精神面貌的形成具有重大的意义，这里的东西都要“有所诱导”，“有所启示”。

（6）关注健康与体育。健康和旺盛的精力，朝气蓬勃地感知世界，乐观精神，是形成能够克服一切困难的坚强意志的一个极重要的源泉。在学业落后乃至留级的学生当中，85%以上学生的主要原因就是健康状况不佳。体力的充沛，对于孩子的精神生活——智力的发展、思维、注意、记忆及专心程度——起决定作用。我们通过观察证明，所谓思维迟钝，在绝大多数情况下并非由于大脑皮层细胞的生理或功能的改变所致，而是由于整个机体生病造成的。让孩子每天按自己的愿望随意使用5—7小时空余时间，从童年起培养积极休息的习惯，是我们教育的重要原则之一，各种活动的恰当交替、满足审美需要的劳动、积极欣赏大自然美都是这种休息。

(7) 学校首先着眼于形成个人的思想核心——公民的观点、信念、情感、品德、行为、言行一致。共产主义建设者的道德准则是人类道德文明的最高成就，让人们受到共产主义思想鼓舞。让青年人掌握全人类的道德准则，是形成个人道德修养的非常重要的内容。如什么事都要有益于你周围的人；要以德报德；不劳动，不得食；学习是学生的首要劳动；要做善良的、富有同情心的人；要帮助弱者、无自卫能力者、患难的同志，要尊敬和爱戴父母；要同坏事、欺骗、不正义现象进行斗争。

(8) 对于现实不要去粉饰，不要去掩盖，不能让孩子们做口是心非的事，粉饰现实会产生认识上的教条主义，束缚人的思想，引起怀疑主义，使孩子们不相信崇高的共产主义目标和原则。

(9) 智育的任务主要是发展智力，但不单纯是掌握知识或发展智力。智育包括获取知识，形成科学世界观，发展认识和创造能力，养成脑力劳动技能，培养对脑力劳动的兴趣和要求，不断充实科学知识和运用科学知识于实践的兴趣和要求。智育是在获取科学知识的过程中进行的，但又不能仅仅归结为一定知识量的积累。只有当知识变为个人信念，变为人的精神财富，从而影响到他的生活，知识的获取过程和知识的深化过程才能成为智育的要素。

(10) 每个孩子的思维都按他独特的方式发展，每个孩子都有自己不同的聪明才智。任何一个孩子都有其天分和才能。重要的是使其成为学习成功的基础，即每一个学生都在原有的基础上有新的进步。

(11) 从人的全面发展高度，而不是从智育或德育角度看待劳动教育。劳动教育是德育、智育、美育的重要因素。教育的任务就是让劳动渗入受教育者的精神生活中去，渗入集体生活中去，让热爱劳动成为青少年的重要兴趣。

(12) 强调美育。因为人在智力上的深入发展是丰富审美需求和审美感的一个重要条件，因此要向孩子广泛介绍世界文化成就及人类文化珍品。审美感受和审美创造相互联系，对审美素养的培养具有很重要的意义。只有当人经过劳动创造了美的时候，美才会使人高尚起来。

(13) 重视各种活动。我经常组织丰富多彩的精神生活和智力活动，点燃每个学生才能的火花，我不以同一尺度、同一高度要求学生。

(14) 我开展科研课题，也进行理性总结，我的著书与撰文都富有现实性、实用性以及说服力。

笔者：您在实践中创造出自己的新路子，《帕夫雷什中学》已成为中国教师、校长喜爱的教育图书之一。如果我在20岁时能够读到您的杰作，我也许会在多年的教育实践与教育研究中有更多的收获。

苏霍姆林斯基：您不要仅仅看到我的成功，其实我也有不少失误。如对一位在玩耍中无意把教室里放着的一盆全班十分珍爱的玫瑰花撞倒了的顽皮学生，我进行了大声斥责，并且竭力使这个闯祸的孩子触及灵魂，不准他参加集体活动。这个学生变得话少了，也不那么淘气了，见到我就很窘迫，急忙避开，我没有注意到这种情况，当我无意中叫他一起到草地上去采花时，他流着泪跑了……这件事对我触动很大。我明白了，对于责罚，学生的心里是多么难受，孩子感到了委屈。因为孩子弄断花枝是无意的，而且对自己的行为感到后悔，愿意做些好事来补偿自己的过失，而我却粗暴地拒绝了他。对这种真诚的、儿童般的懊悔，报之于发泄怒气的教育，这无疑是对孩子的当头一棒，此后，我对由于无知而做出不良行为的儿童，都采取了宽容的态度。

笔者：我们都是语文老师，我非常想听您讲讲语文的故事。

苏霍姆林斯基：好的。一天我去听一位语文教师的课，最初几分钟，学生们都紧张地思索着老师提出的一个个问题，我发现学生使用许多词句时，意识中并没有很鲜明的表象，都没有跟周围世界的事物和现象联系起来，仅仅在重复别人的思想，全是背诵下来的东西。词句的意思是什么，学生并没有搞清楚，回答问题时，言语有气无力、脸上毫无表情，根本没有学生自己的活生生的思想，而教师只一味告诫学生要识记、背诵。

我就在花坛边给教师上了一堂研究课，启发学生当场写出了不少好词句。

学生能写出自己的词句及作文，才能说词句已进入了学生的精神生活，虽然表达还带童话故事的影响，但这是他们自己的语言，这是会观察、思考、推论，不是死记硬背的。

笔者：更为重要的是，这里有鲜明的思想、活生生的语言和学生自己的创造。这样的学习过程，就是思维的发展过程。我对您的自我教育非常欣赏，您能否比较详细地谈谈？

苏霍姆林斯基：让教育成为学生的自我需要、自觉过程，是我一生的追求，我觉得这也是教育的规律，即教育事业本身固有的、普遍的、本质的、必然的联系。从某种意义上讲，自我教育决定教育的成败。

自我教育思想，具有坚实的心理学基础。从学生身心发展来说，少年时期和青年早期是个人智能、道德和社会意识的自我肯定的年龄。这时的学生，精神上的正常发展，取决于他自我肯定的深刻程度。学生只有学会仔细观察周围世界及自己、渴望认识自己周围的事物和自己的内心世界、心灵的力量专注于使自己变得更美好、更完善时，他才能成为一个真正的人。

我经常地提醒学生："你已经不是小孩子了，要好好去想想自己的命运，自己的未来。"用心理学的术语来讲，就是"理想自我"概念的确立，认识自我，肯定自我，悦纳自我。

笔者：您怎样引导学生正确认识自己呢？

苏霍姆林斯基：首先，认识自己的个性，特别是自己已经具有的才能与创造力。包括了解自己的个人爱好，认识到自己一些科目的学习能力强，一些科目的学习能力比较差。

其次，认识自己的义务和责任。即感到自己是一个负有义务的人。而认识自己的义务和责任的途径，就是学生独立完成自己的任务或创造自己的成果，造福自己及别人，同时充分体验自己完成任务的过程及创造成果过程中的情感。

最后，认识自己的尊严和情感。在自我教育中，情感体验处于一种重要的中介地位。因为自我教育的全部过程是头脑和心灵的复杂活动的统一，是感情和信念的统一。掌握感情的语言，其重要性不亚于掌握自然和社会的科学原理。只有不仅用肉眼观察世界，而且用心灵观察世界的人，才能成为接受教育的人。

要想启发学生进行自我教育，教师要用语言非常细致地触动学生最隐秘的心弦——荣誉、尊严和高尚气度。学生对自己越是尊重，他对道德上的教诲与关于应如何进行自我教育的指导，就越听得进去，如果学生缺乏自我尊重，他对你的教导和规劝就会充耳不闻。

我们对学生的脑力劳动，更确切地说，是这种劳动在情感领域中的反映，也就是理智感，应该给予高度的尊重，自尊可以产生于明快的理智感，产生认识所带来的快乐。儿童知识修养的源泉，就在于这种明快的理智感之中。如果学习是伴随着不愉快的情绪进行的，学生就会变得对自己漠不关心、毫不在乎，那就谈不上自我教育了。教师作为教育者的极重要的任务，是保护青少年心中明快的理智感之火，不使它熄灭，因为，一旦熄灭后再要点燃是很困难的。总之，学生能尊重自己，珍惜你对他的每一句评语，就播种好了自我教育种子。

笔者：有什么具体有效的途径吗？

苏霍姆林斯基：首先通过阅读发展知识，用书籍、智慧去影响学生的心灵。阅读滋养学生学习的底气。让每个学生自己生活在书的世界中，使阅读成为一种精神需要，激发出认知欢悦情感，达到真正的阅读、独自阅读，即深入思考读物的内涵。

阅读是发展学生智力的主要方法。不善于阅读的人就不善于思考，孩子的阅读开始越早，阅读与他的精神生活越能有机地发生联系，阅读时思维过程就越复杂，阅读对智力发展就越有补益。早学会阅读的儿童能练出一种很重要的技能：他对词和句子的视觉感知先于发声，读的时候不受词语束缚，他便有可能在那顷刻之间使目光离开书本，并在那个时间去思考和理解所读的东西。这样一来，孩子就能边读边思考、理解和领会了。当学生意识中的字句跃然纸上，栩栩如生，并变幻着周围世界的色彩和旋律时，才称得上是在阅读。没有这种阅读，则人就有陷入精神空虚的危险。学会阅读，不是为了去得分，而是因为它是精神生活所必需的，要让学生认识到任何东西都取代不了书籍的作用，不会阅读，他就会失去很多的乐趣。

其次是指导学生审慎和严格地挑选书籍。不使一本坏书落到孩子的手中，使孩子生活在已经成为本民族和全人类文化瑰宝的那些饶有兴味的作品之中。

笔者：如果再让您给教师发展提个建议，您会说什么？

苏霍姆林斯基：还是教学相长。最重要的是读书，研究学生，开发自己。读书谈过了，说说读学生吧。为全面了解与研究儿童，我定期举办研讨会，就某个学生的情况实行教育会诊。我亲自搞调查，做记录，深入研究了178名“最难教育的”学生曲折成长的过程，试办了一个有6岁入学的预备班的“快乐学校”，从预备班到一年级，再连续跟到十年级，一直担任该班的班主任，跟踪观察和研究学生在不同时期的表现，提出了相应的教育措施。我持续几十年地记录学生的身高、体重；一连32年记录了儿童入学的最初两星期内的有关知识面和表象资料；还记录了学生家里有哪些书籍，家长的教养程度如何，父母亲在教育孩子上花费多少时间。我就是想读懂学生的身心发展。

我始终兼教一门语文课，常年做班主任工作，并天天坚持听其他教师的课。如果我每天不听两节课，便觉得这一天什么也没做。如果今天去开会，明天就得补上，听四节课……如果我在一年中没有听过一位教师的至少15节至20节课，我就会对他毫无了解。我把听课和分析课当作校长的重要工作和滋养自己思想的源泉。对学生的管理主要是抓智力开发，我花了十几年的时间，结合语文教学，摸索出一套符合教学过程逻辑的，旨在培养和提高学生能力的基本技能体系听、说、读、写12项基本功。

开发自己，最好的是写作，特别是记日记，这有助于集中思想，对某个问题进行深入思考，可以使自己从纵向和横向两个方面去全面了解一件事情并采取相应的措施，如果持续积累与深入开发，自己在“读”上就可以拥有一笔巨大的财富，因为这些记录是思考和创造的源泉。我的著作及文章，就是写自己在课堂教学、听课评课、班主任工作、学校管理以及教育上的理解。这样，不管从事什么工作，我们所从事的工作都是写作的对象，工作都是自己写作的独特素材，个人专业成长就与写作建立起了相互促进的关系。

笔者：作为校长，与教师不同的最重要的一点是什么？

苏霍姆林斯基：了解、关心、爱护教师，尽量减轻教师的负担。我对学校里的每一名教师都了如指掌，知人善任，用其所长。

教师要精力充沛地工作，就需要休息；要提高教学质量，就需要有自由时间，以供读书和研究。自由支配时间是根，它滋润着教育艺术的枝和叶。我要求教师努力提高教育素养，包括精通自己所教学科的内容；懂得心理学、教育学和教学法等教育科学知识，有工作激情。我把总结工作这件人们习以为常的事当作把握教育规律的一个重要环节。反对校长自己不动手而分派别人东拼西凑，然后加以剪辑的做法，也反对平时不注意积累素材，到年末临时搞突击的做法。提倡校长亲自动手，每天每周都要记事，及时整理，不断分析研究，直到得出概括性的结论，并征求大家的建议或意见。这既是全体教师一年创造性劳动的概括，又是下一年工作的方向和借鉴。

苏霍姆林斯基是具有执着的教育信念和顽强的工作作风的教育大师，有着鲜明的独创性和革新精神，从不拘泥于传统的陋习，紧紧把握时代发展的脉搏，敢公开指出苏共中央发动的对儿童学的批判有过火之处，以及凯洛夫教育学的严重错误。

苏霍姆林斯基伟大、光辉的一生给我的最大启示是，教育理论工作者应深入教育教学第一线，做深入细致研究，时刻不应忘记自己肩负的使命，坚信真正的教育家只能是教育理论与教育实践有机统一的教育者。

主要参考文献

1. 王道俊、郭文安主编：《教育学》（第7版），人民教育出版社2016年版。

2. 薛焕玉著：《教育发展战略学》，辽宁教育出版社1991年版。

3. 高明士著：《中国教育史》，台湾大学出版中心2006年版。

4. 柳诒徵著：《中国文化史》，东方出版中心1996年版。

5. 李绪坤著：《〈学记〉解读》，齐鲁书社2008年版。

6. 华东师范大学教育系、浙江大学教育系合编：《西方古代教育论著选》，人民教育出版社2001年版。

7. 林玉体著：《西方教育思想史》，九州出版社2006年版。

8. 朱智贤、林崇德著：《思维发展心理学》，北京师范大学出版社1986年版。

9. 方富熹、方格著：《儿童发展心理学》，人民教育出版社2005年版。

10. 王耘、叶忠根、林崇德著：《小学生心理学》，浙江教育出版社2004年版。

11. 黄煜峰、雷雳编著：《初中生心理学》，浙江教育出版社1993年版。

12. 林崇德著：《中学生心理学》，北京出版社1983年版。

13. 黄希庭、徐凤姝著：《大学生心理学》，上海人民出版社1989年版。

14. 许淑莲、申继亮著：《成人发展心理学》，人民教育出版社2011年版。

15. 程学超主编：《中年心理学》，山东教育出版社1991年版。

16. 钟启泉编著：《差生心理与教育》，上海教育出版社2003年版。

17. 黄荣怀编著：《信息技术与教育》，北京师范大学出版社2002年版。

18. 张志雄、孙红梅主编：《正常人体学》，人民卫生出版社2012年版。

19. 朱大年、王庭槐主编：《生理学》（第8版），人民卫生出版社2013年版。

20. 丁有宽、戴汝潜、朱作仁、田本娜著：《丁有宽小学语文读写结合法》，山东教育出版社1999年版。

21. 蒋光宇著：《名师魏书生》，辽宁教育出版社2008年版。

22. 于漪著：《于漪语文教育论集》，人民教育出版社2003年版。

23. 赵祥麟主编：《外国教育家评传》，上海教育出版社2003年版。

24. 江苏母语课程教材研究所编著：《当代外国语文课程教材评介》，江苏教育出版社2000年版。

25. 张鸿苓、陈金明、张定远、苏立康主编：《新中国中学语文教育大典》（全四卷），语文出版社2001年版。

26. 课程教材研究所编：《20世纪中国中小学课程标准·教学大纲汇编》，人民教育出版社2001年版。

27. 中华人民共和国教育部制定：《义务教育语文课程标准》（2011年版），北京师范大学出版社2012年版。

28. 中华人民共和国教育部制定：《普通高中语文课程标准》（2017年版），人民教育出版社2018年版。

29. 王土荣著：《普通高中语文选修课自助餐式教学实验60法》，广东教育出版社2010年版。

30. 王土荣著：《学生写作学》，语文出版社2013年版。

31. 王土荣著：《教研学》，语文出版社2015年版。

32. 王土荣著：《普通高中语文选修课自助餐式学习50法》，广东高等教育出版社 2010 年版。

33. 广东省教育研究院中小学语文课程教材改革与发展研究课题组编著：《中小学语文课程教材改革与发展研究》，广东高等教育出版社 2016 年版。

34. 广东省教育厅教研室编：《高中新课程语文优秀教学设计与案例》，广东教育出版社 2005 年版。

* * * * * * * * *

35. ［古希腊］柏拉图著，吴献书译：《理想国》，商务印书馆 1957 年版。

36. ［苏］赞科夫编，杜殿坤等译：《教学与发展》，文化教育出版社 1980 年版。

37. ［苏］B. A. 苏霍姆林斯基著，赵玮等译：《帕夫雷什中学》，教育科学出版社 1983 年版。

38. ［俄］康·德·乌申斯基著，郑文樾等译：《人是教育的对象》（上、下卷），人民教育出版社 1989 年版。

39. ［美］霍华德·加德纳著，沈致隆译：《多元智能新视野》，中国人民大学出版社 2008 年版。

40. ［瑞士］让·皮亚杰著，傅统先译：《儿童的语言与思维》，文化教育出版社 1980 年版。

41. ［日］小泉英明著，陈琳译：《脑科学与教育入门》，高等教育出版社 2009 年版。

42. ［美］罗恩菲德著，王德育译：《创造与心智的成长》，湖南美术出版社 1993 年版。

43. ［美］罗伯特·费尔德曼著，苏彦捷等译：《发展心理学——人的毕生发展》（第 6 版），世界图书出版公司 2013 年版。

44. ［美］舒尔兹著，李文湉译：《成长心理学》，生活·读书·新知三联书店 1988 年版。

45. ［美］詹姆斯·O. 卢格著，陈德民等译：《人生发展心理学》

（原著第3版），学林出版社1996年版。

46. ［美］保罗·马森等著，孟昭兰等译：《人类心理发展历程》，辽宁人民出版社1991年版。

47. ［美］K. W. 夏埃、［美］S. L. 威里斯著，乐国安译：《成人发展与老龄化》，华东师范大学出版社2003年版。

48. ［俄］列夫·维果茨基编，龚浩然等译：《教育心理学》，浙江教育出版社2003年版。

49. ［英］戴维·冯塔纳著，王新超译：《教师心理学》（第3版），北京大学出版社2000年版。

50. ［美］R. J. 斯腾伯格著，杨炳钧等译：《认知心理学》（第3版），华东师范大学出版社2006年版。

51. ［苏］柯·柯·普拉图诺夫著，张德等译：《趣味心理学》，吉林人民出版社1984年版。

后记

为什么现在不少教师普遍感到职业倦怠？一个教师的教育人生应该怎样度过？

我试图根据自己的教育人生，结合自己在教育教学教研实践中发现的问题，站在教师身心发展的角度，来论述教师阶段性发展问题。本书强调：教师在使学生成为社会发展建设型人才的同时，也能真正地成就自己的事业。

我试图把全人类的教育精华呈现给正在发展着的教师，让教师从整体上把握教育与教师发展的关系，进而探索新的教育问题。这需要教师把教育工作当作自己生命过程的一部分或生命的全部来善待，来思考，来实践，来升华。

《中国特级教师文库》是教育部特级教师计划重点项目，我能忝列其中，特别要向人民教育出版社和提出过许多建设性意见的顾振彪编审、刘立德主任、刘捷编审及刘建霞、程军、杨帅、朱珊等老师表示衷心的感谢！

同时，我还要向所有给过我关怀和帮助的师长、家人与同事表示感谢。

王土荣

2018年9月10日于广东省教育研究院